Le Mandala, symbole de vie

Kamala Murty

Le Mandala, symbole de vie

L'importance du mandala dans notre quotidien

Conception graphique par Klaus Holitzka.

Traduction de Claude Dhorbais

LE COURRIER DU LIVRE
21, rue de Seine
75006 PARIS

Chez le même éditeur :

– *Pouvoir et magie du Mandala*. Jean-Michel Plasait.

– *Mandalas du monde, 74 mandalas de différentes civilisations à colorier ou à peindre pour méditer et se détendre*. Heike Owusu.

– *Mandalas pour les enfants, 64 mandalas à colorier ou à peindre pour jouer et se détendre*. Klaus Holitzka.

Publié en allemagne sous le titre « Malbuch Mandala »

ISBN : 2-7029-0368-1

Sommaire

Qu'est-ce qu'un mandala ?

Le mandala est un symbole universel complexe de la vie, de l'homme, de Dieu, du monde. Sa forme est le cercle. Dans l'espace indo-bouddhique et dans le Tibet lamaïste, le mandala est une structure créée à partir de cercles, puis peinte ou transposée en édifice, et servant de support à la concentration et à la méditation.

D'après C.G. Jung, le mandala est un symbole naturel de totalité qui, empreinte archétypale, est inhérent à l'homme et peut apparaître au cours d'un processus de maturation psychique sous forme de rêves, d'images mentales ou lorsqu'on le peint. Dans les périodes de conflit intérieur ou de crise, ces mandalas créés intuitivement aident l'homme à trouver ou à rétablir son ordre intérieur.

Cette fonction symbolique du mandala est attestée jusqu'aux époques les plus reculées de l'histoire de l'humanité. De très anciens lieux de culte sont disposés circulairement, comme par exemple le monument mégalithique druidique de Stonehenge, remontant au néolithique ou à l'âge du bronze ; des dessins rupestres montrent des formes circulaires et spiralées ; des monticules sacrés, les ziggourats, ont été édifiés en Mésopotamie il y a plus de cinq mille ans, représentant sans doute tant le cosmos que l'histoire de la création ; chez de nombreux peuples, en particulier chez les Indiens d'Amérique du Nord, les grottes étaient vouées au culte parce que leur structure spatiale fermée et leur section circulaire permettaient d'établir le contact avec les ancêtres et reflétaient la rencontre du ciel et de la terre.

La signification symbolique rituelle de la structure circulaire s'étire comme un fil conducteur à travers l'histoire de l'humanité : dans la mythologie égyptienne, comme dans les traditions européenne, africaine, sud-pacifique et asiatique, le cercle est le symbole du cosmos autant que l'expression du mythe de la création. Les Aborigènes d'Australie traçaient avec leurs lances des mandalas géants dans le sol fertile ; les Indiens soignaient avec des mandalas de sable ; en Europe, les rosaces des églises constituèrent des mandalas au riche contenu symbolique ; en Asie surtout, en particulier en Inde et au Tibet, les mandalas ont eu de tout temps une place d'honneur dans la vie religieuse. En fait, le mot *mandala* vient du sanskrit et signifie « cercle sacré » ou « centre ».

Dans le bouddhisme et l'hindouisme, les mandalas sont devenus au fil du temps des structures préétablies visualisant des représentations philosophiques et religieuses complexes. Dans ces traditions, la naissance d'un mandala est célébrée selon des règles prescrites ; chaque signe y a une signification et une fonction bien précises. Pendant ou après la réalisation ritualisée du mandala, le moine s'abîme dans les profondeurs de son moi par une concentration méditative sur cette symbolique. Un groupe spécial de mandalas systématiquement utilisés comme supports de méditation est qualifié de *yantra*.

C'est au Suisse C.G. Jung, psychologue des profondeurs, que revient le mérite d'avoir découvert la signification psychologique universelle des mandalas, ouvrant ainsi à l'homme occidental tout un monde de représentations. Au cours d'une profonde crise personnelle, Jung expérimenta sur lui-même l'effet curatif de la peinture des mandalas, alors qu'il ignorait totalement à l'époque ce qu'était un mandala. Inconsciemment, il peignait sans cesse de nouvelles structures circulaires, s'apercevant peu à peu qu'il s'agissait de mandalas, c'est-à-dire d'une expression inconsciente de son moi. Les images circulaires l'aidèrent à harmoniser sa personnalité et à se réaliser. Plus tard, il utilisa systématiquement la peinture des mandalas dans la thérapie des troubles psychiques.

Mais comment peut-on interpréter le cercle comme un « archétype humain » ? Pourquoi cette structure est-elle ancrée dans le subconscient de personnes d'origines si diverses ? Une explication possible réside sûrement dans l'ordre interne de la nature qui nous entoure. Les hommes ont pu sans cesse restituer cet ordre sous forme de mouvements circulaires : le zodiaque, sous forme de roue divisée en douze segments ; le rythme uniforme des saisons et la course cyclique du Soleil, de la Lune et des étoiles ; la structure concentrique de nombreuses formes naturelles (flocons de neige, fleurs…) ; le rayonnement radial de la force magnétique ; la structure cellulaire organisée autour du noyau ; l'œil humain, dont le poète dit qu'il est « semblable au Soleil » et qui a de tout temps été considéré comme le modèle de la correspondance entre le macrocosme du monde et le microcosme de l'homme. On pourrait poursuivre à l'infini : où que le regard se porte, il identifie des formes de mandala.

Mais la signification du mandala devient particulièrement fascinante quand on le considère comme le miroir du monde intérieur. Jung a découvert que des analogies circulaires apparaissent à tous les niveaux dans la psyché humaine : des lois

Structure cristalline
comme mandala

cycliques règlent l'équilibre entre intérieur et extérieur, entre macrocosme et microcosme. Comme la lentille focalise la lumière solaire, l'être de l'homme focalise les forces de la nature, il est relié à celle-ci dans ce qu'il a de plus intime et représente en quelque sorte son centre créateur. Les processus psychiques, psychologiques et biologiques, à l'intérieur du corps humain, présentent la structure complexe de mandalas imbriqués les uns dans les autres, incluant des constructions et mouvements de plus en plus fins, de la circulation sanguine au noyau cellulaire.

La structure universelle du mandala, pénétrant l'ensemble du cosmos, donne à l'homme son identité, son point de vue et ses références dans la vie. La ressemblance est frappante entre les mandalas peints par les enfants d'aujourd'hui et ceux qui le furent il y a des millénaires.

Ce fait devient compréhensible lorsqu'on interprète la peinture du mandala chez les enfants comme un cheminement vers la recherche de l'identité. Quand les enfants d'aujourd'hui conçoivent des mandalas, ils sont vraisemblablement guidés par les mêmes impulsions inconscientes que leurs lointains prédécesseurs. Mais ce n'est pas seulement chez les enfants, c'est aussi à chaque étape de la vie humaine que le travail du mandala offre des points de repère pour rendre conscients des contenus inconscients de l'âme, pour libérer les forces d'autoguérison et engendrer l'harmonie intérieure.

Que le mandala soit utilisé comme partie d'un cérémonial religieux, à des fins thérapeutiques ou comme méthode d'autodécouverte, il aide toujours à mieux appréhender les éléments de la personnalité, à exprimer les tensions et conflits internes et, introduisant ordre, clarté et régulation, à agir sur le devenir psychique.

Avec ce livre, je voudrais vous montrer que l'homme de cul-

Si l'œil n'était pas de nature
solaire,
Il ne pourrait jamais apercevoir
le Soleil ;
Si la force propre de Dieu ne
nous habitait pas,
Comment le divin pourrait-il
nous ravir ?

J.W. von Goethe.

Notre vraie vie se situe
tout au fond de notre être.
Nos inquiétudes et nos faiblesses
ne sont en réalité
que peines de surface.
Emanuel Swedenborg.

ture occidentale peut aussi produire et utiliser une symbolique appropriée du mandala pour agir positivement sur les états les plus divers et dire « oui » à la vie. Dans le mandala, nous n'exprimons pas seulement nos sentiments et nos humeurs, nous introduisons aussi des éléments créateurs dans tous les processus. Si notre moi n'est pas « rond », si quoi que ce soit nous manque, si nous nous trouvons en déséquilibre ou même en plein chaos, si nous sommes déchirés pas des conflits, alors s'infiltrent dans le mandala des éléments qui, grâce aux forces psychiques d'autoguérison, assurent équilibre, harmonie, tranquillité d'esprit et même « arrondissement ». En peignant le mandala, nous mettons aussi de l'ordre en nous-mêmes, nous reconnaissons notre moi, nous poursuivons notre développement.

Force curative, tu fraies la voie !
Tu pénètres les hauts et les bas,
tu parviens dans tous les abîmes,
tu construis toutes choses
et tu les lies ensemble.
Hildegarde de Bingen.

Le nombre et le caractère des couleurs et des formes, qui revêtent chaque fois une signification symbolique déterminée, font partie des éléments harmonisants du cercle.

Dans ce livre, je vous présente une série de mandalas qui sont l'expression d'états d'âme déterminés et contiennent en même temps des éléments grâce auxquels on intensifie, surmonte ou neutralise les situations de vie correspondantes – selon que l'état d'âme qui se trouve à leur base est l'expression d'un état de bonheur ou d'un état de malheur. Dans chaque cas, la structure du mandala et sa signification symbolique sont expliquées de façon claire et détaillée. En outre, vous recevez des recommandations pour la coloration des mandalas. Mais vous n'êtes pas obligé de vous en tenir à ces recommandations, car l'expression individuelle de soi, à travers le mandala, varie chez chacun. Les causes et les motivations des différents états d'âme tout autant que leurs marques sont si diversifiées que je ne veux vous offrir que des notions de base. Si vous avez le sentiment de préférer peindre un autre mandala, ou si vous voulez opter pour des couleurs toutes différentes, ne craignez pas de céder à cette impulsion. Vous êtes seul à décider de votre état et de la manière de vous comporter avec vous-même.

Des renvois pour un maniement plus facile de l'ouvrage

Comme il arrive que l'on travaille sur tout un complexe d'états psychiques, chaque mandala est pourvu d'un renvoi à des thèmes analogues. En outre, les mandalas sont répartis en cinq classes qui se chevauchent et que vous pourrez identifier facilement au moyen de vignettes. Ces classes reflètent les domaines fondamentaux de la vie humaine :

- la *roue* symbolise l'activité, le mouvement, le dynamisme et l'intensité ;

- le *bouddha* représente la paix, la détente, la conscience, l'introspection et la méditation ;

- l'*homme de Léonard* renvoie à des thèmes tels que créativité, richesse intérieure, développement dans les mondes extérieur et intérieur ;

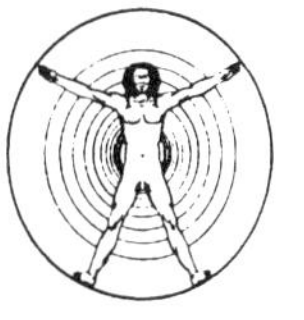

• le *cœur* désigne le domaine des sentiments, de l'amour, de la sensualité et de la joie de vivre ;

• le *nœud* indique qu'il s'agit d'un thème relatif à la solution de problèmes ou de conflits.

Un glossaire facilite la compréhension

A la fin du livre se trouve un glossaire détaillé traitant de l'effet symbolique des couleurs, des formes et des nombres. Vous pourrez le consulter après achèvement de votre mandala et, grâce à lui, mieux cerner votre état actuel.

Mettez à profit la possibilité qui vous est offerte de peindre les formes données dans ce livre. A tous ceux qui sont encore inexpérimentés dans la peinture des mandalas, je recommande de se familiariser très progressivement avec les formes et les couleurs. En peignant les formes variées présentées dans les pages qui suivent – ou en recopiant les mandalas déjà colorés --, vous expérimenterez sur vous-même les effets émanant de chaque mandala. Vous pouvez vous en tenir exactement aux recommandations données et peindre chaque mandala avec les couleurs indiquées. Mais vous pouvez aussi vous en remettre à votre humeur spontanée et choisir votre propre couleur. Le plus profitable serait de comparer les couleurs proposées ici à votre propre choix en notant de façon concise les impressions et pensées qui montent en vous. Interrogez-vous : quelles sont les couleurs qui exercent sur vous une action intensifiante, calmante, excitante, neutralisante ou harmonisante ?

Avant de nous tourner vers les différents états d'âme, je voudrais vous initier à la tradition du bouddhisme tibétain en prenant comme exemple le mandala Kalachakra, puis approfondir l'importance thérapeutique du mandala pour l'homme occidental, telle que l'a révélée C.G. Jung. Ces deux domaines seront exposés de façon exemplaire afin d'illustrer les différences de signification symbolique dans les deux traditions et cultures – et de faire ressortir simultanément leurs traits communs universels.

Le mandala classique

Le bouddhisme tibétain est fortement marqué par le *tantrisme*, ce puissant mouvement religieux qui, depuis la première moitié du premier millénaire de notre ère, a laissé une empreinte durable sur l'hindouisme et le bouddhisme.

A ce mot sont associées dans la culture occidentale toutes sortes de représentations exotiques et fantastiques, mais qui sont essentiellement fondées sur des malentendus et une méconnaissance de la religiosité tantrique. Cette image fausse n'a pu naître que parce que, derrière cette désignation, se cachent un nombre incroyable de pratiques, de groupements et de niveaux d'expérience religieuse. Connaître cette dernière sous sa forme authentique n'est aujourd'hui possible que sur place, là où cette tradition est encore vivante, c'est-à-dire en Inde, au Népal, au Bhoutan et parmi les Tibétains en exil.

Le bouddhisme tantrique lui-même n'est pas une religion unifiée. Au cours de son histoire plus que millénaire, il a formé divers courants, ayant chacun sa doctrine et ses rites. A titre d'exemple, je veux présenter ici un rituel de mandala qui, dans sa complexité, contient toute l'image du monde : le mandala

Kalachakra (c'est-à-dire, textuellement, le « mandala de la Roue du temps »), qui est devenu depuis longtemps au Tibet un important objet de culte. Ce que le mandala Kalachakra a de particulier, c'est la correspondance, pénétrant tous les domaines, entre microcosme et macrocosme, une symbolique qui, par des analogies, se rapporte aussi bien au domaine intérieur, celui du psychisme humain, qu'au domaine extérieur, cosmique. Le Kalachakra est unique en ceci qu'il contient une cosmologie élaborée jusque dans les moindres détails. Celle-ci part d'une vision apocalyptique de l'histoire, au terme de laquelle éclate une guerre barbare, victorieusement terminée par les *bodhisattvas* – ces êtres transcendants de lumière – d'un mystérieux empire, le Shambhala.

On accomplit le rituel du Kalachakra en se concentrant au maximum sur le moment de la mort et de la renaissance qui la suit. Le mandala est réalisé avec de la poudre colorée, par exemple de la silice, celle-ci étant, après accomplissement, recueillie et dispersée dans une rivière en signe d'éphémère et d'éternelle transformation. En prenant toutes sortes de précautions rituelles, les moines et leur abbé transportent la poudre, selon un schéma fixé par la tradition, jusqu'au lieu consacré. C'est ainsi que Tenzin-Gyatso, l'actuel dalaï-lama (le quatorzième), alors âgé de dix-neuf ans, exécuta en 1954 son mandala Kalachakra d'initiation en présence de 10 000 personnes.

En 1993, il s'est exprimé comme suit sur la fonction de ce rituel : « L'initiation au Kalachakra compte parmi les plus importantes du bouddhisme, car elle inclut tout : le corps et l'esprit, l'ensemble de l'aspect extérieur, le cosmique comme l'astrologique. Grâce à elle, on peut parvenir à l'illumination en une seule vie. Nous croyons fermement que sa force peut créer la paix, la paix de l'esprit et, par conséquent, la paix du monde. »*

* Voir *Tibet, la Roue du temps. Pratique du mandala* (catalogue d'exposition). La Villette 1995, p. 23.

Symboles, couleurs, points cardinaux sont prédéterminés pour chaque domaine et remplissent des fonctions variées. On ne peut comprendre la structure d'un mandala Kalachakra traditionnel que lorsqu'on connaît les concepts fondamentaux de la pensée tantrique.

L'image de l'homme selon le bouddhisme

Le but suprême de la voie bouddhique du salut est le désintéressement, le dépassement du moi, avec ses désirs funestes qui le tiennent enchaîné à la souffrance et à la misère. L'abnégation, le dévouement et la compassion envers les autres hommes libèrent, conduisent à la paix intérieure et à la paix sociale ; ils sont un pas vers le *nirvana*, l'extinction du moi, et vers le vide absolu, *shunyata*, où seul l'Illuminé peut pénétrer. Cette vacuité, qui ne doit en aucun cas être confondue avec le nihilisme occidental, pénètre tout l'être et permet son développement. Dans la pensée bouddhique, les choses ne représentent rien d'autre que des phénomènes dans un vide qui est aussi assimilé à l'absolu.

On devrait éprouver de la sympathie, car c'est là la clé du salut des autres.
Gampopa (1079-1153).

L'image de l'homme selon le bouddhisme – contrairement à celle que s'en fait l'Occident – ne part pas de l'individu. Au lieu de cela, le bouddhisme met au premier plan divers états de l'être, en perpétuelle fluctuation, auxquels l'homme est soumis. Il existe cinq ou six classes de ces états, ou *skandhas* : skandhas de la matérialité et de la matière, skandhas des impressions, skandhas des perceptions, skandhas des mouvements de l'esprit et de la volonté, skandhas des événements de conscience et souvent aussi, dans la tradition du Kalachakra, skandha de la profonde intuition ou de la sagesse.

Sur la voie de l'illumination, de l'abnégation et de la vacuité, le pratiquant tantrique doit observer toute une série de règles éthiques et de commandements. Il ne doit ni tuer ni voler ; il ne doit pas commettre l'adultère ni s'enivrer. Il doit pratiquer certaines vertus comme la patience, les bonnes mœurs, la générosité. Il doit rendre au lama les honneurs qui lui sont dus, faire preuve d'amour et de désintéressement envers tous les hommes.

Les correspondances entre l'homme et le monde se reflètent dans les trois parties du Kalachakra : on distingue entre un extérieur, un intérieur et une roue du temps alternative.

Le Kalachakra extérieur comprend l'astronomie, l'astrologie et les mathématiques et représente, sous forme pyramidale, l'ensemble du cosmos, qui est ordonné de façon concentrique autour du mont Meru. Cette montagne mythique – l'axe du monde – est constituée dans sa partie inférieure de quatre disques géants superposés, qui s'amenuisent de bas en haut. Le disque inférieur représente le domaine de l'air ; le suivant, le feu ; puis viennent le disque de l'eau et enfin celui de la terre. Jusques et y compris la moitié inférieure du disque de la terre, les domaines indiqués sont réputés mornes. Au domaine supérieur du disque de la terre appartiennent les hommes, les animaux et les demi-dieux. Au-dessus de ce niveau s'élève le mont Meru, entouré des douze vents dominants et des étoiles.

Le domaine du désir fait suite vers le haut au domaine morne ; en font partie, à côté des êtres terrestres, quatre gardiens du monde et les dieux des cinq ciels. Au-dessus se trouve le domaine de la forme, avec les seize ciels des êtres au corps de lumière ; au sommet, enfin, il y a le petit domaine sans forme comportant les quatre ciels des corps-esprits. La joie nc peut être véritablement expérimentée que dans ce domaine. Symboliquement, on se représente le cosmos au-dessus du mont Meru ; en font partie le domaine de la forme et le domaine sans forme, sous l'aspect d'une figure ressemblant à une ampoule électrique, ce qui souligne la similitude avec le tête humaine.

Forme de stupa.

Ce modèle a d'ailleurs été fréquemment réalisé comme édifice cultuel ou comme objet de culte, ce dernier surtout pour la conservation des reliques. Sous cette forme, le mandala Kalachakra tridimensionnel, représentation spatiale de l'univers, est appelé *stupa* et correspond à la forme du corps de Bouddha. La forme de stupa (voir p. 25) a été réalisée architectoniquement dans de nombreux édifices, des temples en particulier.

Les hommes appartiennent au *Kalachakra intérieur*. Ils correspondent au Kalachakra extérieur du point de vue de leurs qualités et de leurs rythmes temporels internes. On reconnaît facilement toute une série de corrélations entre Kalachakra extérieur et Kalachakra intérieur quand on superpose les deux structures, comme sur le dessin ci-dessous. La forme de la tête apparaît nettement. L'homme constitue une analogie avec le mont Meru. En outre, les niveaux humains du corps, du langage et de l'esprit sont en corrélation avec les éléments architectoniques du palais-mandala. Les états de l'être déjà mentionnés trouvent leur correspondance dans ces éléments*. Les unités temporelles du macrocosme, qui se calculent en mois, se reflètent dans les douze cycles respiratoires qui structurent une journée.

Kalachakra extérieur (cosmos)	*Kalachakra intérieur* (homme)
1 année = 12 mois	1 journée = 12 cycles respiratoires
1 mois = 30 jours de 60 unités de temps (correspondant à 1 800 unités de temps)	1 cycle respiratoire = 1 800 respirations
1 année = 21 600 (12x1800) unités de temps	1 journée = 21 600 (12 x 1 800) respirations

* Une représentation synoptique est donnée dans Martin Brauen, *Das Mandala. Der Heilige Kreis im tantrischen Buddhismus, Cologne 1992.*

Enfin, *l'autre Kalachakra*, ou *Kalachakra alternatif*, traite des analogies et des liens entre la Roue du temps extérieure et la Roue du temps intérieure.

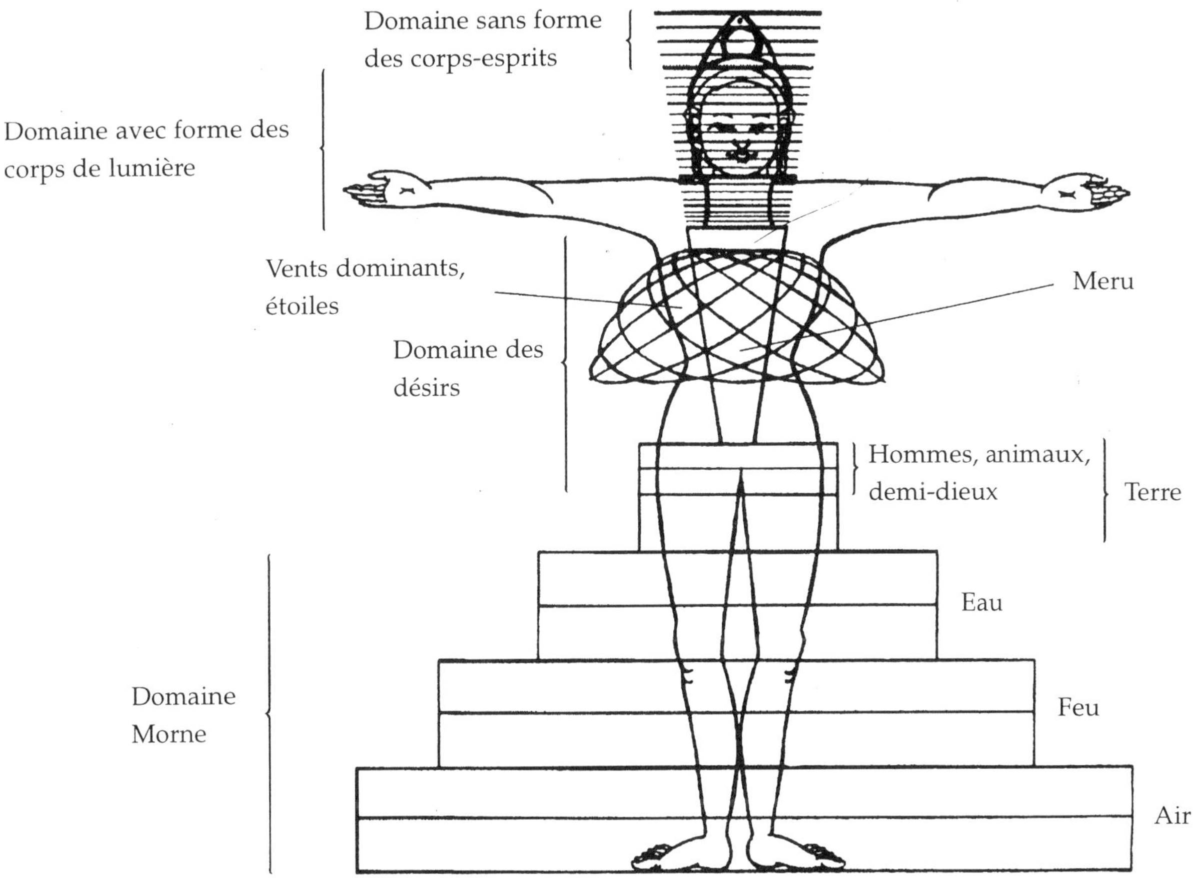

Modèle du Kalachakra-Cosmos : le corps humain rapporté fait apparaître les coïncidences structurelles entre le Kalachakra intérieur (homme) et le Kalachakra extérieur (cosmos).

Couleurs et structure du mandala Kalachakra

Tournons-nous maintenant vers le mandala Kalachakra*. Kalachakra est le Bouddha qui, dans cette « Roue du temps », est assis au centre sur une fleur de lotus. Pénétrer jusque-là, réaliser le « vide », purifier complètement sa perception de l'intérieur et de l'extérieur, devenir soi-même bouddha, tel est le but du rituel et l'objectif de tout méditant sur le long chemin de l'illumination. Dans le rituel du Kalachakra, cela s'accomplit par la méditation. On peut se représenter cet itinéraire sous forme d'étapes vers l'illumination, que les adeptes franchissent sous la conduite d'un gourou. Ils vont du domaine de la substance grossière au domaine de la substance fine, jusqu'au spirituel sans forme, où ils connaissent la félicité.

Le mandala Kalachakra représente un « palais divin » où se trouvent 722 divinités. Cinq carrés disposés les uns dans les autres constituent les étapes de la méditation, qui doivent être maîtrisées de l'extérieur vers l'intérieur. Ils représentent à leur tour cinq mandalas : le mandala du corps, le mandala du langage, le mandala de l'esprit, le mandala de la « conscience de

* Un exemple de réalisation de ce type, tout à fait dans la tradition du bouddhisme tibétain, est donné en frontispice de ce livre.

l'être » et, au milieu, le mandala de la « suprême félicité », le but du voyage initiatique.

Aux quatre points cardinaux, les carrés s'ouvrent par des portes sur les six grands cercles extérieurs qui les entourent et qui servent de base à l'univers. Les points cardinaux sont caractérisés par les couleurs correspondantes : l'Est est noir, le Sud est rouge, l'Ouest est jaune, le Nord est blanc. Le vert, comme cinquième couleur, se trouve également dans les cinq niveaux, ce qui fait que les couleurs coïncident en nombre avec les étages du palais.

Tout au centre, Kalachakra est représenté par la couleur bleue, tandis que sa partenaire, Vishvamati, qu'il tient dans ses bras, est représentée par un point jaune-orangé. Kalachakra est relié à la Lune, Vishvamati au Soleil. Leur union symbolise l'unité de la compassion et de l'absolue sagesse, dans laquelle l'adepte s'élève pour être purifié et renaître au-delà du monde des choses, forme vide et pure essence.

Le carré extérieur, l'étage inférieur du palais, représente le *mandala du corps* ; 536 divinités y résident.

Sa structure est constituée de plusieurs couches. La bande décorative extérieure, avec du blanc, du bleu et du noir, sert d'écran protecteur contre les adhérences psychiques et les attaques des passions, qui troublent la connaissance. Des motifs symboliques ornent aussi cette bande : éventails (expérience des sens), guirlandes de perles (richesse intérieure et extérieure), miroirs (conscience et subconscient), cloches (unité).

Vient ensuite une étroite bande rouge et or avec motifs de joyaux, qui rappelle que la connaissance est la seule possession de l'homme.

S'y raccorde le *dhoenam*, blanc et plus large, qui forme quatre « L ». On y aperçoit, outre des divinités sacrificielles, des figures géométriques. Leurs couleurs reprennent celles du cosmos, et leurs formes remplissent certaines fonctions. Par exemple, le cercle sert à la libération, le carré au renforcement des énergies, le demi-cercle est le signe de la liberté et le triangle, celui de l'accomplissement.

Cinq traits, figurant des murs porteurs, de diverses couleurs, séparent le *dhoenam* du carré blanc qui lui fait immédiatement suite vers l'intérieur, le *lhanam*, où habitent 360 autres divinités. Ce nombre correspond à l'année lunaire tibétaine de 360 jours.

Le deuxième étage du palais est le niveau du *mandala du langage* et rappelle les paroles du Bouddha par lesquelles il a répandu sa doctrine. Ce niveau héberge 116 divinités.

Dans sa structure se répète le schéma extérieur, les divinités du *dhoenam* du deuxième mandala étant représentées par des syllabes sacrées, pures sonorités. Leur rôle consiste à appeler une divinité dans l'esprit de l'adepte. Souvent, les formules tibétaines de prière ou de méditation sont constituées de *mantras*, syllabes sacrées exprimant des forces cosmiques déterminées et des aspects du Bouddha, ce que les mots ne pourraient faire. Les syllabes sacrées sont par exemple *ham, om, i, ri, u, li.*

Les murs porteurs sont encore une fois constitués de cinq lignes (jaune, blanche, rouge, noire et verte) et symbolisent cinq facultés : sagesse, concentration, attention, ténacité, confiance, qui permettent l'accès à la sagesse.

Les couleurs du *lhanam* renvoient aux quatre visages de Kalachakra : l'antérieur (noir) exprime la colère, le gauche (rouge) l'enthousiasme, le droit (blanc) la paix et le visage postérieur (jaune), le suprême bonheur.

Le troisième niveau comprend le *mandala de l'esprit*, où habitent 70 divinités. Dans ce domaine également se répète la structure déjà parcourue des deux premiers mandalas, même si le carré orné extérieur est réduit à de simples traits de couleur. Ici, les éventails servent au soulagement des blessures morales infligées par l'ignorance. Les miroirs reflètent le vide, l'absence de toute chose ; les cloches reproduisent ce phénomène que, en physique moderne, on désigne par « bruit de fond de l'univers ».

Dans le *dhoenam* sont gravées les Quatre Nobles Vérités du premier sermon du Bouddha historique, Shakya Muni, qui a vécu au VIe siècle avant notre ère.

Les murs porteurs sont constitués ici non de cinq, mais de trois lignes : une noire, une rouge et une blanche, qui représentent les trois branches du bouddhisme : le « Petit Véhicule » (hinayana), le plus ancien, le « Grand Véhicule » (mahayana), qui s'est constitué au Ier siècle de notre ère et met surtout l'accent sur la compassion envers tous les êtres, et le « Véhicule du Diamant » (vajrayana), un rameau qui s'est développé en Inde aux Ve-VIe siècles de notre ère à partir du « Grand Véhicule ».

Dans le *lhanam* de ce niveau se trouvent les *bodhisattvas*, ces êtres transcendants pleins de compassion qui, sur la voie de l'illumination, ont différé leur salut pour se réincarner sans cesse afin d'aider les autres hommes sur leur propre itinéraire.

Au quatrième niveau se trouve le *mandala de la « conscience de l'être »*.

Deux lignes bleues seulement délimitent le carré, entre lesquelles une chaîne de vajras (« sceptres de diamant », c'est-à-dire des objets rituels bien particuliers) symbolise l'indestructibilité et la pureté de l'ineffable connaissance. Seize piliers noirs, quatre à chaque point cardinal, représentent seize catégories différentes de vide. Dans huit des seize chambres sont représentés des couples de divinités en union physique, chacun sur une fleur de lotus à huit pétales. Les huit autres chambres contiennent chacune un vase rempli de liquides organiques purifiés : sang, moelle, sperme.

A cette étape, l'adepte, purifié de toutes les souillures de la vie terrestre, peut accéder à la conscience originelle.

Au centre du quatrième mandala se trouve le *mandala de la « suprême félicité »*. Ici, on pénètre dans la sphère du pur bonheur. Dans l'image du « palais divin », nous nous trouvons maintenant au cinquième étage, le plus élevé. Dans chacun des quatre coins, un point de couleur renvoie aux propriétés du corps, du langage, de l'esprit et de la conscience de Kalachakra. Sur chacun des pétales est assise une divinité féminine, une *shakti*. Kalachakra, symbolisé par un vajra bleu, se trouve au cœur du lotus. Le bleu symbolise ici l'inaltérabilité : ce Bouddha se trouve au-delà du temps et du devenir. Il est relié de façon indissociable à Vishvamati, sa compagne divine, qui, quant à elle, est représentée à côté par un point jaune-orangé.

Deux autres couples de bouddhas en union charnelle sont encore représentés au cœur du lotus. L'union intime est le symbole de l'illumination, de l'unité de la compassion et de l'absolue sagesse.

En ce lieu, l'adepte peut se dépouiller de son enveloppe originelle et devenir lui-même forme vide et inaltérable, pure essence, bouddha.

Si nous avons traité du Kalachakra de manière aussi détaillée, c'est qu'il est typique du mandala classique universel, constituant un symbole complexe rencontré aussi dans des traditions asiatiques autres que le bouddhisme.

Dans ce qui suit, je vais montrer qu'il n'est nullement besoin d'être un moine bouddhiste ni d'avoir étudié pendant des années pour profiter des forces du mandala. Tout homme, qu'il

« C'est exactement comme si un éléphant, ayant très chaud sous un climat tropical et apercevant soudain un lac, s'y précipite et y soulage les brûlures infligées par le Soleil. »
Déclaration du dalaï-lama sur la « suprême félicité » à Barcelone en 1994.

ait ses racines dans la tradition orientale ou dans la tradition occidentale, peut puiser dans le potentiel inépuisable du mandala ce qu'il veut et ce dont il a besoin, et profiter de ses forces spirituelles et cosmiques.

Le mandala en Europe : une découverte de C.G. Jung

En 1913, Jung, âgé de 38 ans, était au sommet de sa carrière. Depuis 1905, il était médecin-chef de la clinique psychiatrique de Zurich et professeur d'université. Il était en relation permanente avec Freud, avait une famille de cinq enfants, un cabinet privé qui prospérait et il était déjà un auteur reconnu. Mais quand la rupture avec Freud intervint, Jung sombra dans une crise profonde. Il se retira presque complètement de la vie sociale. Durant trois ans, il s'occupa essentiellement d'apparitions intérieures nommées Elie, Salomé et Philémon, avec lesquelles il communiquait. A la fin de ce long périple à travers les ténèbres, Jung commença à dessiner des mandalas, sans savoir ce qu'ils signifiaient et sans comprendre leur fonction psychique. Il dessinait chaque jour dans son carnet de notes des structures circulaires qui correspondaient à ses dispositions intérieures. En s'appuyant sur elles, il suivait les changements psychiques qui s'accomplissaient en lui. Les mandalas soutenaient son introspection. Les aspects esthétiques, artistiques ne jouaient aucun rôle. Les dessins devinrent un miroir de ses états, et l'acte de peindre intuitivement des mandalas l'aida à se reconstruire psychiquement.

Peu à peu, Jung saisit la signification d'un mandala : à travers la découverte spontanée des formes, dans l'acte de peindre, s'accomplissait une modification psychique, réussissait en lui une transformation intérieure.

« Je ne saisis que peu à peu ce qu'est vraiment un mandala : le soi, la totalité de la personnalité, qui, quand tout va bien, est harmonieuse. »*

Dix ans durant, Jung vécut un processus intérieur intense d'autodécouverte. Grâce à la peinture régulière de mandalas, il centra les impressions et les expériences montant de son subconscient au point le plus intime du soi.

Les innombrables dessins et peintures, avec leurs formes récurrentes de cercles, de rectangles, de labyrinthes, leurs centres sombres ou rayonnants, jalonnaient directement la guérison progressive de sa personnalité déchirée.

Cela prit des années avant que ce génial psychologue, partant de son expérience subjective de la peinture des mandalas, ne pût développer une théorie et une méthode pratique. Jung fut redevable de cette percée à l'orientaliste Richard Wilhelm, qui lui envoya en 1928 un article sur la méditation taoïste. La joie et le soulagement se saisirent de Jung à cette lecture passionnante, car ce texte confirmait ses propres expériences de la peinture des mandalas, qui lui avait fait trouver, par l'enveloppement graphique du centre, son propre milieu intérieur. Maintenant, Jung pouvait aborder l'élaboration systématique de sa théorie. Il réussit à montrer que le mandala représente la totalité de l'âme, du conscient et du subconscient. Son ordre interne, sa disposition harmonieuse autour d'un centre étaient la preuve certaine de l'existence d'une instance plus globalisante que ne peut l'être le

* C.G. Jung : *Erinnerungen, Träume, Gedanken* (éd. Aniela Jaffé). Olten, Fribourg 1971, p. 199.

moi personnel. Cette instance fonde et entretient la vie psychique, elle assure le développement global de la personnalité individuelle, l'« individuation ». Cette instance psychique transcendante, Jung la dénomma bien plus tard le « soi » (sanskrit *atman*), par référence à la philosophie indienne. Le mandala concentre l'énergie psychique sur le soi, sert d'intermédiaire entre les pôles psychiques opposés, établit un équilibre entre les extrêmes. Dès cette époque, Jung fit une découverte : l'effet curatif du mandala le dépend pas de sa forme classique, traditionnelle. Sa libre exécution peut aussi contribuer à la guérison et à l'accomplissement, et elle est même particulièrement importante pour l'homme moderne.

Comment peut-on expliquer que Jung recueillit longtemps sur le mandala des expériences qui correspondaient à celles d'initiés du Tibet, du Népal et de l'Inde sans qu'il en sût le pourquoi et le comment ? Une explication tout à fait plausible de ce phénomène est que Jung, comme les sages orientaux, pénétra dans les profondeurs de l'inconscient collectif. Il avait trouvé la clé pour activer, grâce aux images, les archétypes qui sommeillent dans l'inconscient collectif de chaque individu.

Selon la théorie développée par Jung, l'âme de l'homme se représente dans les mandalas, tant dans sa totalité que dans ses états momentanés. Divers aspects s'y expriment : un moment, c'est le centre le plus intime, le soi, qui est mis en relief, puis c'est la périphérie qui est au premier plan, le combat du moi contre les antagonismes de l'existence, de la lumière contre l'obscurité, etc.

Tandis que les mandalas traditionnels suivent des modèles canoniques et, conformément à un processus rigoureusement ritualisé de réalisation, ne contiennent que les symboles les plus importants de la spiritualité indo-bouddhique, les mandalas spontanés expriment surtout l'état individuel de la psyché, marqué par l'expérience personnelle. C'est pourquoi ils ont été pour Jung des éléments importants du traitement psychologique, en particulier de certaines formes de névrose et de schizophrénie. Les images qui montent de l'inconscient constituent, selon Jung, une tentative d'autoguérison de la psyché, visant à rétablir l'équilibre, et elles se révèlent particulièrement importantes pour assurer une authentique collaboration du patient à sa thérapie.

C.G. Jung ne fut d'ailleurs pas le seul à découvrir, hors d'Asie, l'effet curatif du mandala, et à en trouver des applications. Les mandalas curatifs sont également connus des Indiens Navajos. Le guérisseur navajo les utilise en répandant du sable de couleur sur le corps du malade ou sur la terre consacrée. Il est intéressant de noter que les Aborigènes d'Australie se souviennent aussi des anciennes coutumes qui consistaient à réaliser chaque année des mandalas rituels servant à la conservation des hommes, des animaux et des plantes. Des structures circulaires périssables, dont la surface pouvait atteindre l'hectare, étaient tracées sur le sol du désert. Comme dans la méditation Kalachakra, le méditant visualisait ici ses énergies vitales et le flux de sa respiration. Depuis que des techniques de visualisation sont employées dans notre culture pour combattre le cancer et renforcer le système immunitaire, les gens qui en ont fait l'expérience rapportent de plus en plus l'apparition spontanée de formes de mandala.

Mais nous allons nous tourner maintenant vers le maniement concret, quotidien du mandala. Pour peindre, nous n'avons besoin d'aucune connaissance historique, mais seulement de sincérité et d'aptitude au recueillement. Sans nous laisser impressionner par les significations culturelles, esthétiques ou traditionnelles des couleurs, nous allons faire entièrement confiance à notre palette intérieure et puiser la couleur dans le tréfonds de notre âme.

L'importance du mandala dans notre quotidien

J'ai passé les deux moitiés de ma vie presque à égalité en Europe et en Inde et j'ai pu constater avec étonnement que le mandala exerce le même effet curatif sur les Orientaux et sur les Occidentaux.

La signification religieuse rituelle du mandala dans la culture asiatique a déjà été exposée. Mais que peut apporter le mandala à l'homme occidental ? La réponse à cette question est aussi simple que riche de conséquences : le mandala peut être pour nous tous une aide authentique de vie ! Que nous peignions chaque jour un mandala, comme on écrit son journal, pour sonder notre état d'âme ou l'analyser, ou que nous l'utilisions dans les temps de crise pour nous retrouver et nous guérir : dans tous les cas il nous aide, quand nous le peignons ou quand nous méditons, à mettre de l'ordre en nous, à entendre notre voix intérieure, à nous concentrer sur notre moi propre et à faire l'expérience de notre totalité.

Dans la peinture d'expression comme dans la peinture thérapeutique, la personne se laisse guider par ses propres impulsions. Comment elle remplit le cercle, quelles formes et quelles couleurs elle choisit, tout cela n'est pas prémédité mais va de soi dans l'acte de peindre. Des mouvements inconscients guident ici la main et décident des formes et des couleurs, dont bien souvent nous ne connaissons même pas consciemment la signification archétypale. Mais quand on veut dépasser l'acte irréfléchi de peindre ou de méditer et interpréter son propre état d'âme, on doit connaître la signification symbolique des formes et des couleurs.

Toute une série de mandalas vous sont présentés dans ce livre. Peignez-les. Le travail systématique des différentes formes vous familiarise avec l'effet de la symbolique sur la psyché. Pour interpréter les symboles et les nombres, il faut non seulement des connaissances théoriques, mais aussi une expérience personnelle.

Le choix de la couleur vous appartient en définitive. Toutefois, je vous recommande d'essayer au moins les couleurs que je propose pour éprouver leur influence sur votre humeur. Naturellement, chaque personne réagit aux couleurs à sa manière. Mais le principe suivant est également valable : les significations archétypales symboliques et les effets physiques des couleurs dépassent le domaine individuel ; ils possèdent une validité en dépit des différences et des préférences subjectives.

Dans la peinture de mandala, toute personne est un maître

- Chacun peut s'exprimer dans la peinture de mandala. Il faut seulement s'affranchir des critères esthétiques, qui empêchent malheureusement la plupart des gens de prendre eux-mêmes en main le pinceau ou la crayon. « Je ne le peux pas » ou « Je ne suis pas un artiste » sont des pensées sans importance dans le présent contexte. Vous serez étonné de la force expressive que votre mandala peut avoir si vous vous laissez guider par vos impulsions intérieures en passant outre à de tels a priori.

- Tous les matériels sont possibles et ne dépendent que de vos préférences personnelles : crayons de couleur, craie, pastels, aquarelle. La seule chose importante, c'est que vous disposiez d'un modèle assez grand et d'un support assez rigide, avec un choix suffisant de couleurs. Selon mon expérience, les mandalas reproduits dans ce livre sont d'une grandeur idéale. Ils ne sont pas trop petits, permettant de peindre encore avec précision les petites formes, ni trop grands, ce qui aurait pour effet de donner l'impression que les grands aplats sont pauvres en informations. Préparez le matériel dont vous avez besoin.

- Le calme est une condition préalable importante pour la peinture de mandala. Avant de commencer, assurez-vous que vous ne serez pas dérangé. Détendez-vous, mettez-vous à l'écoute de vous-même.

- Identifiez la phase de vie, la crise, l'humeur qui est la vôtre. Cherchez un mot clé qui convienne à votre humeur, parcourez le chapitre correspondant.

- Familiarisez-vous avec le mandala. Observez-le à satiété, imprégnez-vous de ses formes. Puis fermez les yeux et concentrez-vous encore une fois sur l'humeur et les sentiments qui prédominent en vous. Peut-être des couleurs apparaissent-elles maintenant à votre œil intérieur. S'il en est ainsi, il faut absolument utiliser ces couleurs, même si elles ne sont pas conformes à notre proposition. Il peut se faire en effet que vos véritables sentiments ne vous apparaissent pas encore clairement et consciemment. Dans ce cas, des couleurs qui vous viennent spontanément peuvent vous indiquer une voie pour parvenir à la racine d'humeurs diffuses.

- Mais vous pouvez aussi appliquer une tout autre méthode dans l'emploi de ce livre : faites défiler les pages et arrêtez-vous à n'importe laquelle en suivant une impulsion. Faites confiance aux forces de l'inconscient. Celles-ci vous conduiront intuitivement au mandala qui est pour vous correct et important à l'instant présent.

Tout l'éventail des mandalas selon les états d'âme

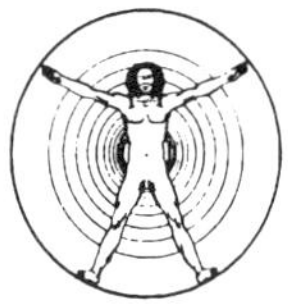

Faire ses adieux

La séparation fait dépérir les passions tièdes et croître les fortes, comme le vent éteint la bougie et attise le feu.
La Rochefoucauld.

Le temps des adieux est marqué par la douleur et la tristesse. Nous faisons nos adieux de bien des manières : au quotidien, quand nous disons au revoir à notre partenaire ou à nos enfants, à la fin d'une période de vie, lors d'un déménagement, d'un changement d'emploi, quand nous nous séparons d'un compagnon ou d'une compagne après l'échec d'une relation ou du fait de la mort.

Affirmation
Avec mes adieux, j'achève une période importante de ma vie et suis ouvert à un nouveau départ.

Tout adieu représente un choc affectif. Ce que nous tenions pour assuré vacille. Tout adieu est aussi une petite mort. Par conséquent, quand nous bannissons la mort de nos pensées, nous sommes plus facilement exposés, en cas d'adieux définitifs, à l'effondrement psychique, que quand nous nous confrontons à la fin, à l'agonie, à la mort.

Car les adieux et la mort sont la condition du renouveau. Le phénix ne peut renaître que de la cendre. Pour tout développement, pour tout nouveau départ, nous avons besoin de terminer quelque chose qui précédait. Ce processus est en quelque sorte destructif et constructif, douloureux et salutaire. Mais il fait partie intégrante de notre vie et est la condition de notre croissance intérieure.

Mandala

Les fleurs sont, dans notre culture, un cadeau d'adieu traditionnel aux morts. La fleur est en outre un symbole archétypal de l'âme. Elle exprime simultanément le devenir et la fuite du temps, l'éternel renouvellement de la vie dans toute sa beauté. Tout comme la fleur s'épanouit, notre personnalité se développe. Toute nouvelle phase de notre être résulte des adieux à une phase précédente.

Dans ce mandala, l'idée du germe et de la renaissance se retrouve aussi dans les cinq gouttes dirigées vers l'extérieur, dont chacune évoque également la forme d'un pistil. Cet ensemble peut aussi s'interpréter comme une matrice avec ses trompes, ce qui renforce le niveau sémantique du renouvellement de la vie.

Recommandation de couleurs
bleu, vert, etc.

Les cinq pétales ressemblant à des flammes renvoient, après la douleur des adieux, à l'ouverture au nouveau. Celui-ci se trouve en grande variété dans la bordure extérieure. Les deux lignes ondulées qui se croisent et les croissants de lune reflètent les possibilités futures qui s'offrent à moi et entre lesquelles je peux choisir.

Le nombre cinq symbolise ici la vie en germe et les efforts faits pour identifier et poursuivre énergiquement ses propres objectifs.

→ Nouveau départ, Traiter la tristesse.

Devenir actif

Fais n'importe quoi, mais tires-en de la joie.
Henry Miller.

L'activité est la condition fondamentale de la croissance humaine et du développement personnel. En menant une vie active, je gagne en assurance et en confiance en moi. Mais l'action est toujours liée à l'angoisse et au doute : ai-je pris la bonne décision ? est-ce que, par mon action, je me rends vulnérable ? est-ce que je possède suffisamment de force pour affirmer et imposer mon action face aux critiques ?

Ces questions, qui souvent ne nous sont pas conscientes, font que nous hésitons avant d'agir, ou même que nous y renonçons complètement. Mais la passivité signifie stagnation et acceptation d'angoisses inutiles et inhibitrices.

C'est vrai que je voudrais me rendre à une fête, mais au dernier moment je reste à la maison. C'est vrai que je voudrais parler à mon supérieur de l'augmentation qu'il me doit depuis longtemps, mais je ne trouve pas la bonne occasion.

Affirmation
Je fais confiance à mes impulsions et j'agis.

Nous ne voulons plus admettre les « c'est vrai… mais ». Nous nous fixons de petits objectifs, les poursuivons et sentons combien la force, la sûreté et – comme le dit Henry Miller – la joie nous remplissent.

Mandala

Un puissant mouvement se développe du centre vers l'extérieur. Trois jambes effectuent un mouvement circulaire et allongent énergiquement le pas : je ne m'obstine plus dans la passivité mais je bouge. Je conquiers et défends ma place dans le monde extérieur. Ce processus, je l'accomplis en peignant et en méditant ; je commence à peindre au centre et je poursuis vers la périphérie.

Trois est le nombre du processus dynamique, de l'énergie et du mouvement.

Combien le mouvement dynamique est opiniâtre, c'est ce qu'illustre la structure tourbillonnaire au bord du mandala.

Recommandation de couleurs
Rouge, orange en liaison avec d'autres couleurs.

Quand la zone intérieure est terminée, j'achève le mandala en peignant la zone extérieure en progressant vers la périphérie et, ce faisant, je m'abandonne au sentiment d'extension et de libération.

→ Surmonter les inerties.

Guérir les vieilles blessures

Si nous admettons que quelque chose nous plonge dans l'angoisse et la terreur, la vie ne vaut plus la peine d'être vécue.
Sénèque.

Pour pouvoir s'aimer soi-même et aimer les autres, il faut refermer les blessures affectives que nous avons subies dans l'enfance et qui sont encore à vif. Nous ne pouvons surmonter de telles déceptions que si nous reconnaissons et vivons encore une fois les vieilles souffrances. Si en revanche nous les refoulons, elles nous accompagnent toue notre vie sous forme de sentiments accablants qui nous rongent et de comportements perturbateurs récurrents.

Nous avons tous vécu, sous une forme ou sous une autre, le désintérêt paternel pour nos sentiments, les promesses non tenues, les critiques injustifiées et acerbes de notre mère ou l'abandon dans la détresse. Les douleurs infligées dans notre enfance marquent notre affectivité jusqu'aujourd'hui. Nous en souffrons peut-être encore, mais nous sommes de taille à leur tenir tête.

Affirmation
Je considère ma faiblesse et je découvre ma force.

Nommer les vieilles blessures nous aide à les guérir, à nous en libérer et à en reconnaître la valeur positive.

En acceptant nos anciennes blessures comme quelque chose qui nous appartient, en les intégrant à l'image que nous nous faisons

de nous-mêmes et en les transformant en pensées positives, nous tissons sans cesse la structure de notre personnalité.

Mandala

La toile d'araignée est une très belle image des efforts faits en vue de conférer à notre être une structure qui apporte ordre et fixité dans notre vie. Il appartient aux attributs de la toile d'araignée que les endroits endommagés peuvent être réparés et les trous, reprisés.

Tisser, c'est mettre en forme. Je ne tourne pas le dos aux trous que les événements douloureux de mon enfance ont déchirés dans ma toile psychique intérieure. Je m'efforce au contraire de les réparer et d'éliminer les dégâts. Infatigablement, je veux reconstruire mon moi et commencer quelque chose de neuf.

Recommandation de couleurs
Jaune, bleu indigo et autres couleurs.

Sur un autre plan, la toile d'araignée est également considérée comme un moyen de se rappeler les souvenirs de l'enfance, voire de la vie fœtale. En reproduisant par la peinture la structure de cette fine toile, je m'ouvre pleinement à des souvenirs depuis longtemps enfouis en moi et je les laisse monter. Je revis ainsi les souffrances de mes vieilles blessures et je les transforme en gratitude pour toutes les expériences faites. Je veux travailler cette toile et ainsi transformer mon moi.

Dans ce processus intérieur, je suis protégé des influences hostiles ou perturbatrices de l'extérieur : les fils de la toile englobent l'espace actuel de mon expérience et me donnent la sécurité.

→ Vaincre ses peurs.

Vaincre ses peurs

J'ai peur de tout,
j'imagine tout et,
ce qui est le propre de tous les angoissés,
c'est toujours au pire que je pense en premier.
Pline.

Tout être humain a ses propres peurs. Nous craignons la maladie, la pauvreté, l'échec professionnel ou la perte. Nous avons peur aussi des petits échecs quotidiens, torturants, qui se répètent, comme l'incapacité de dire non ou de mettre en avant nos propres désirs.

Souvent, ce qui nous angoisse est surtout dans notre tête. Que, dans une certaine situation, nous puissions dire quelque chose de faux est une idée qui nous a été inculquée dans l'enfance. Mais nous sommes devenus adultes, avons soutenu maint combat et voulons essayer de prendre conscience – pour nous en débarrasser – des expériences décevantes intériorisées.

Parfois, nos peurs sont tout à fait fondées. Il ne faut pas en avoir honte et nous devons nous accommoder des domaines où nous ne sommes ni forts, ni avisés, ni courageux. La connaissance exacte de nos peurs est la condition nécessaire pour apprendre à les vaincre et à les utiliser en vue de notre croissance.

Affirmation
Je fais confiance à ma force intérieure et je me libère du boulet de mes vieilles peurs.

Mandala

Les peurs sont généralement aussi diffuses que le grouillement qui prévaut à l'intérieur du mandala. Les éléments isolés, incohérents, ont un effet chaotique et paraissent noués ensemble de façon confuse.

En travaillant une structure avec des couleurs, en identifiant et en démêlant les nœuds qui sont à sa base, j'introduis de l'ordre dans ma psyché. Il m'apparaît peu à peu que le chaos comporte une structure qui ne doit pas m'angoisser, mais me donner une assise.

Recommandation de couleurs
Rose, marron.

Après avoir traité le domaine intérieur, je m'accorde une pause clarifiante et je peins le cercle du pourtour. Celui-ci représente la transition entre le travail des peurs anciennes et le recours à de nouvelles forces.

L'intérieur est entouré de huit triangles ; ils me montrent que ce mandala est une fleur, une ancre positive qui signifie espérance et croissance. La base de ces triangles est arrondie et s'adapte à la structure circulaire interne : tout ce que je produirai moi-même à partir de moi sera véritablement conforme à mon propre intérieur.

L'anneau extérieur des huit autres triangles confère la stabilité, car leur base est droite et orientée vers l'extérieur. Cette stabilité me sera utile dans la vie quotidienne et représente aussi mon moi en permanente transformation.

→ Libération, Nouveau départ.

Surmonter les inerties

Qui joue avec la vie ne s'en sort pas ;
qui ne se commande à soi-même reste toujours un valet.
J.W. von Goethe.

Combien de fois déjà n'avons-nous pas entrepris de tirer un trait définitif sur une affaire qui nous était devenue importune pour revenir à ce qui nous fait vraiment avancer ! Mais, trop souvent, nous nous en tenons à des vœux pieux. Nous ne réussissons pas à être conséquent. Cette stagnation peut conduire une relation dans une impasse, ou même la gâter complètement entre deux partenaires, parce que nous ne parvenons pas à y mettre un terme ou parce que nous ne pouvons nous débarrasser d'un comportement que nous n'aimons pas.

Voulons-nous enfin appliquer notre décision ? nous sommes terrassés par l'inertie et l'impuissance. Soudain, le partenaire apparaît encore si gentil ! On a facilement tendance, dans la situation décisive, à se donner encore une « dernière chance ».

Affirmation
Je surmonte ma paresse et réalise mes désirs. Ma vie va se transformer positivement et je serai fier de moi.

Nous ne voulons pas céder plus longtemps. Nous prenons conscience que notre faiblesse est l'expression de notre peur du changement et de la solitude. Mais une telle peur ne doit pas déterminer notre vie car elle est un obstacle à notre évolution, à notre réalisation, à notre aptitude à éprouver de nouveau bonheur et joie.

Mandala

La roue est symbole de mouvement. Quand elle commence à tourner, j'expérimente le dynamisme et l'énergie. Ma victoire sur la stagnation est en vue.

En face de ma peur du changement, cette roue à huit rayons et à plusieurs couches circulaires m'inspire de la confiance. Sur le plan symbolique, le nombre huit est signe de changement dans la stabilité et l'harmonie : cette roue ne va pas m'entraîner dans un emballement imprévisible, auquel je serais livré. Elle est l'expression de ma totalité ordonnée.

Recommandation de couleurs
Jaune, rouge, orange.

Enfin, la roue libère en moi des énergies qui doivent se frayer un chemin à travers les diverses couches de ma personnalité. C'est pourquoi la bordure extérieure est composée de plusieurs cercles concentriques d'épaisseur différente. Dans un cercle plus large, une ligne ondulée entoure harmonieusement la roue, ponctuée de petits triangles à la pointe tournée vers l'intérieur. Le trois est un puissant symbole de dynamisme ; le triangle peut lier en une nouvelle dimension la tension qui s'établit entre deux pôles.

Déterminez vous-même si vous préférez peindre de l'intérieur vers l'extérieur ou inversement. Dans le mouvement qui va du centre vers l'extérieur, c'est la dynamique de l'intérieur qui naît d'abord et qui se communique peu à peu au comportement extérieur. Si je progresse en sens inverse, c'est le rythme de mon mouvement qui augmente d'abord progressivement.

→ Devenir actif.

Libération

Beaucoup se bercent de l'illusion d'être libre
mais ne voient pas les liens qui les ligotent.
Friedrich Rückert.

Dans une communauté, liberté signifie toujours « liberté dans la responsabilité ». Comme nous ne pouvons pas nous abandonner sans frein à nos pulsions et à nos désirs sans empiéter sur la liberté d'autrui, nous devons toujours trouver un compromis acceptable pour tous.

En laissant à notre partenaire des espaces de liberté, en l'aidant dans son développement, en l'acceptant tel qu'il est, nous créons les conditions de la liberté la mieux vécue dans la relation.

En payant nos impôts et en observant les lois, nous respectons ce compromis dans la société.

Et en me libérant du carcan de mes peurs, en m'ouvrant intérieurement à la nouveauté, ménageant ainsi un espace à mes forces créatrices, je conquiers liberté et indépendance dans mon propre microcosme.

Affirmation
Je suis ouvert à tout changement qui m'apporte la libération.

Quand je me sens oppressé et manquant de liberté, je veux découvrir si ces contraintes viennent de moi-même, de mon partenaire ou des conditions particulières dans lesquelles je vis. L'éclaircissement de cette question constitue déjà un pas important sur la voie de ma libération. En modifiant la situation qui me ligote, je m'en libère.

Mandala

L'intérieur du mandala est vide. Je dessine dans cet espace ma sujétion et mes contraintes selon l'idée que je m'en fais.

A partir de là s'ouvrent pour moi d'innombrables issues, parmi lesquelles je dois choisir. Ces voies me sont ouvertes dans toutes les directions. Je les essaie, je les teste en pensée et graphiquement pour découvrir quelle voie est pour moi la voie correcte de la liberté dans la responsabilité.

Recommandation de couleur
Jaune.

Les voies conduisent dans le monde comme des rayons solaires : potentialité vibrante dont, dans la vie réelle, je ne puis ni ne veux épuiser toutes les possibilités. Cependant, en éprouvant chacun des rayons, je sens se cristalliser en moi la manière dont je puis transposer dans la réalité ces possibilités confuses.

Quand j'ai complètement expérimenté et peint le domaine intérieur des potentialités, je suis assuré de mon futur chemin. Je me suis décidé pour certains chemins de vie et c'est libéré que je les emprunte.

→ Vaincre ses peurs.

Obtenir des satisfactions

Les satisfactions que j'attendais de l'extérieur
Sont venues sous mon toit de l'intérieur.
La vie venge toujours ce qu'elle a manqué :
Je rattrape mes années de jeunesse.
Franz Grillparzer.

Nous obtenons des satisfactions par l'apaisement de nos besoins physiques et intellectuels. Conformément à leur nature, les satisfactions sont fugitives : elles ne durent pas longtemps et exigent un perpétuel renouvellement. Tout comme notre faim physique doit être apaisée régulièrement pour que nous restions en bonne santé et opérationnels, il nous faut aussi satisfaire constamment des besoins affectifs et intellectuels.

On peut obtenir des satisfactions dans de nombreux domaines : par la possession matérielle, la reconnaissance et le succès professionnels ou encore par une œuvre dont on est particulièrement fier. La liste est longue, mais elle contient des différences qualitatives.

Affirmation
Mes petits succès quotidiens me procurent une grande satisfaction.

Qui cherche la satisfaction dans une compétition permanente avec les autres et s'efforce de surpasser ses congénères ne pourra pas jouir longtemps de ses satisfactions. Il se contraint lui-même en permanence à prouver qu'il est le meilleur.

En prenant conscience du fait qu'on ne trouve pas la véritable satisfaction dans la reconnaissance extérieure mais en soi-même,

on se libère de la contrainte de devoir attester sans cesse de nouveaux succès. Nous pouvons jouir de petites choses et de la joie sans partage qu'elles nous procurent.

Mandala

Je me représente que ce mandala est mon intérieur. Circonscrit par trois cercles, il se sépare nettement de mon environnement. Maintenant, je veux me considérer exclusivement comme une entité fermée, ronde.

Profusion ordonnée et richesse règnent dans cette unité. Une fleur à cinq pétales s'est épanouie dans une harmonieuse beauté. De son centre partent, dans chaque pétale, trois rayons qui sont chacun terminés par un petit cercle.

Recommandation de couleurs
Vert, bleu.

Les pétales sont fondés sur le pentagramme, figure caractérisée par le nombre cinq et qui, pour Pythagore, était un symbole sacré d'harmonie physique et spirituelle ; elle fut appréciée comme signe de santé.

Dans différentes cultures, le cinq est considéré comme nombre magique ou comme nombre sacré contenant la totalité de la vie : les éléments, les sens, les sagesses, les vertus et bien d'autres choses encore.

Dans la tradition chinoise, la fleur à cinq pétales représentée dans le mandala, encore appelée « fleur de prunier », est considérée comme symbole de chance des « cinq dieux ». Ce mandala rayonne d'une beauté harmonieuse et équilibrée et reflète mon état interne de profonde satisfaction, de moi et du monde.

→ Contentement, Paix.

Réflexion

Quand tu as refermé la porte de ta chambre et éteint la lumière,
veille à ne jamais prétendre que tu es seul ;
car Dieu est avec toi…
Epictète.

Dans la vie quotidienne trépidante, nous perdons parfois de vue notre monde intérieur. Il est pourtant pour nous une oasis de paix et de réflexion, indispensable à l'équilibre, à l'assurance et à l'amour avec lesquels nous devrions partir à la rencontre de nous-mêmes.

Dans les phases de réflexion, on recule d'un pas et, d'acteur, on devient contemplateur. On peut juger ses actes avec calme et distanciation et, éventuellement, les corriger.

En réfléchissant sur soi-même, on se voit avec son œil intérieur. Retour sur soi et introspection ouvrent le regard à la vérité intérieure. Nous identifions nos motivations, notre lumière intérieure, mais aussi nos zones d'ombre. Quand on se rencontre avec la plus grande honnêteté et franchise et quand on accepte aussi bien la lumière que l'obscurité, on en tire la force de changer et de se transformer.

Affirmation
Je me souviens de mes moments lumineux et de mes moments sombres, et je les accepte pareillement.

Même si la confrontation avec les zones d'ombre de la psyché est pénible et douloureuse, ce débat est fructueux. En prenant conscience de nos vieilles blessures, nous finissons par les dépasser complètement. Nous éliminons les obstacles sur le chemin qui mène à notre centre, où nous attendent connaissance, amour et chance.

Mandala

Au centre du mandala se trouve le symbole yin-yang, la vieille représentation chinoise de la dualité cosmique. Celui-ci est entouré de huit trigrammes décrits dans le Yi-king, le « Livre des mutations » de l'ancienne Chine. Les deux symboles constituent ensemble une image de la totalité cosmique.

Yin symbolise le principe féminin, l'ombre, la terre, l'humidité et la passivité, tandis que yang représente le principe masculin, la clarté, le ciel, la sécheresse et l'activité. Séparés et opposés, ils sont pourtant unis l'un à l'autre de façon indissoluble et se complètent mutuellement. La diversité du monde est issue de la scission de l' « un » *(tai-chi)* dans la polarité yin-yang.

Recommandation de couleurs
Jaune, violet, bleu et autres couleurs.

En reprenant, par la peinture et la méditation, les éléments de la polarité et de la totalité cosmique, je me rends dans l'espace de toutes les possibilités humaines existentielles et je me connais dans ma totalité de lumières et d'ombres.

Le cercle extérieur est ourlé d'ondulations qui contiennent de petits cercles. Cette bordure extérieure reflète le domaine de la poésie, de la créativité et de l'imagination, l'élévation des structures humaines fondamentales au plan de l'art.

→ Se trouver.

Mettre de l'ordre dans le chaos

Tout s'agite, comme si le monde structuré
voulait retourner au chaos,
et comme si la nuit voulait retrouver le monde des formes.
J.W. von Goethe.

Qui ne connaît l'état de chaos intérieur ! En période de profond bouleversement, nos fondations vacillent soudain. Notre vie extérieure, arrachée à son équilibre, se reflète dans une vie intérieure perturbée. Nous ne savons plus ce qui est juste et ce qui est faux. On a perdu la sûreté de sa pensée et de ses sentiments, la confiance en soi-même et dans les autres. On est à côté de soi-même et ne retrouve plus son centre.

Affirmation
Dans la méditation, je trouve les pierres de construction de mon moi. Je les réassemble patiemment.

Nous cherchons une issue à cette confusion. Mais nous ne voulons ni nous épuiser dans une agitation stérile, ni nous réfugier dans la passivité, remettant à plus tard des décisions importantes. En cherchant le salut dans la méditation, nous développons notre sens du moment opportun et retrouvons notre ancienne intuition.

Mandala

L'intérieur est constitué d'un treillis apparemment inextricable, qui est l'expression de mon chaos intérieur. Mon point de référence est l'étoile à huit branches qui est au centre. C'est là que je commence à peindre, progressant vers la périphérie.

Recommandation de couleurs
Jaune, bleu.

La coloration de ce réseau différencié fait apparaître peu à peu que des structures identifiables sont à la base du chaos. Quatre carrés – chacun attaché à une étoile – prennent forme. Tandis que je fais ressortir les carrés avec mes crayons, l'ordre interne de l'ensemble se clarifie et se structure. Le carré, symbole de l'union stable d'éléments divers, exprime les efforts faits par la psyché pour créer une structure symbolique et rétablir l'ordre et l'harmonie. Les doutes sont lentement dissipés, la conscience connaît un progrès que les étoiles extérieures viennent confirmer.

Huit est le nombre de la stabilité du moi et de la totalité. J'expérimente sa profonde valeur symbolique en peignant les formes octogonales qui surgissent sans cesse. J'exploite aussi les propriétés symboliques du nombre quatre dans ma recherche de l'ordre. Les huit étoiles ressortent ordonnées du treillis confus. Je trouve en elles ma personnalité aux riches facettes ; en même temps, leur poussée dynamique vers l'extérieur exprime la libération hors du chaos oppressant. J'achève le mandala en peignant la zone extérieure, m'abandonnant au sentiment d'ordre et de libération.

→ Réflexion.

Témoigner de la reconnaissance

La gratitude est, pour les petites âmes, un fardeau oppressant ; pour les cœurs nobles, elle est un besoin.
Georg Christoph Lichtenberg.

Une certaine pensée revendicative s'est imposée dans notre quotidien. Nous avons un sens aigu de ce qui nous revient, de ce qu'on nous doit : salaire mensuel, approbation et respect, reconnaissance pour les petits services que nous avons rendus.

Affirmation
Plein de reconnaissance, je donne de mes richesses à ceux qui sont plus pauvres que moi.

Nous nous sommes ainsi habitués à considérer certaines choses comme allant de soi, mais à tort. Alors qu'actuellement, dans de nombreuses régions du monde, guerres et combats font rage, que des hommes sont chassés de leur patrie, torturés dans des prisons, n'est-ce pas un rare bonheur que de vivre en temps de paix, que de pouvoir manger à sa faim, aller au cinéma, voyager, jouir de tout le luxe matériel imaginable ? Tout cela -- face au viol, au travail forcé, à la maladie et à la faim, mais aussi face à la pauvreté dans notre propre environnement -- ne va nullement de soi.

Quand on prend conscience de la chance que nous avons, aujourd'hui, de vivre sur un tel îlot de paix, on est rempli d'une profonde humilité et de gratitude.

Je me rappelle la chance que j'ai de vivre en un temps de paix et de liberté, la chance de connaître l'amitié et l'amour, et j'en éprouve une profonde reconnaissance.

Mandala

La fleur à cinq pétales, vieux symbole chinois de la chance, est à la base de mon mandala de la reconnaissance. J'éprouve un profond bonheur pour toutes les choses positives et bonnes que la vie m'a offertes. Je veux manifester ma reconnaissance à l'extérieur en peignant avec dévotion les pousses et les autres fleurs.

Recommandation de couleurs
Vert, rose.

Fleurs et feuilles s'épanouissent par paires à partir de la fleur de chance à cinq pétales. Je les considère comme des entités duales du donner et du prendre. De la gratitude que j'éprouve de ce que j'ai reçu émanent des bienfaits pour mes congénères. Je me montre reconnaissant envers mon créateur et secourable envers mon prochain. En me tournant vers mon partenaire et vers autrui, je sème les graines d'un nouveau bonheur, que l'autre accepte avec gratitude.

En peignant le cercle extérieur, je considère que chaque fleur de lotus représente un bienfait qui m'a été témoigné et dont je suis reconnaissant. Les fleurs sont embellies et soulignées par des couronnes de feuilles, dont des feuilles isolées s'échappent régulièrement, conférant à l'ensemble un fini harmonieux.

→ Protection.

S'affirmer

Voir ce qui est juste et s'abstenir de le faire, malgré son intuition, c'est manquer de courage.
Confucius.

Jour après jour, nous nous retrouvons dans des situations où se heurtent des désirs et objectifs opposés ; nous devons soit céder, soit nous imposer quand tout compromis se révèle impossible.

Il est parfois sage de céder, mais il peut aussi être conseillé de soutenir clairement son point de vue et de n'admettre aucun compromis.

S'il m'est difficile de m'imposer dans une discussion, et si je suis toujours le premier à battre en retraite, cela se fait au détriment du sentiment que j'ai de ma propre valeur et du respect qu'on me témoigne. Je perds en crédibilité et en intégrité quand le courage me manque de dire clairement mon opinion.

Affirmation
Je m'en tiens à mon opinion, je la manifeste haut et clair.

En surmontant ma peur de défendre mon point de vue, je fais le premier pas vers une saine affirmation de moi. Je m'autorise à être combatif sans être agressif. Si je parviens à trouver l'équilibre entre les occasions de céder et les occasions de m'imposer, je puis vivre en paix avec les autres et avec moi-même.

Mandala

Recommandation de couleurs
Rouge, jaune et autres couleurs.

A la racine de mon être se trouve un germe qui contient mes désirs, mes opinions et mes pensées. Je commence à peindre en cet endroit et je m'élève lentement. La semence de mes désirs se développe en une plante qui monte vigoureusement. Celle-ci croît et prospère de manière irrépressible. Ses racines s'enfoncent. Ses pousses s'étirent vers la lumière.

Un tel développement me confère une énorme force. Dans chaque nouveau rameau, je suis les pensées que je voudrais exprimer. Quand je parviens à son extrémité, dans le pétale dirigé vers le haut, j'exprime mon opinion à haute voix. Je la souligne au moyen d'une couleur vive et lumineuse et je la laisse agir.

Après avoir achevé la plante intérieure d'affirmation de soi avec ses sept pousses – le sept symbolise ici mon travail intérieur sur la voie de l'autodécouverte et de l'autoréalisation –, je me tourne vers un riche spectre de pensées et d'opinions. Je les trouve toutes en moi et je leur permets de prendre la parole après un long silence. Je m'écoute moi-même avec joie. Chaque pétale me raconte son histoire. Je suis étonné par les prises de position claires que je trouve en moi sur de nombreuses questions, et par l'énergie que je mets à soutenir mes opinions. Chaque pétale devient de plus en plus net, de plus en plus marqué, souligné comme par un écho.

→ Prendre courage.

Dissoudre la jalousie

La jalousie croît dans le doute,
elle devient enragée ou s'étiole
dès que le doute devient certitude.
La Rochefoucauld.

La jalousie, dans un couple, est chose affreuse pour les deux parties. Quand nous souffrons de l'angoisse de perte, quand nous avons une peur panique que notre partenaire ne nous aime plus et se mette à la recherche d'un nouvel amour, cette peur irrationnelle ronge tellement la confiance en soi-même que nous ne pouvons plus penser clairement. Sans plus percevoir les détails clarificateurs, nous sommes submergés par un flux d'expériences infantiles précoces où la perte d'amour a marqué d'une empreinte décisive notre modèle affectif.

On peut se libérer de ce schéma en prenant conscience de ses angoisses précoces et en les revivant. Si l'on ne fuit pas devant l'intensité de cette expérience, on peut transformer la douleur de la perte originelle et de la jalousie actuelle en quelque chose de positif, redevenir fort et mener une vie de couple libre et heureuse.

Affirmation
Je nomme toutes mes peurs d'être abandonné et je les montre à mon partenaire.

Il ne faut pas non plus, dans les accès de jalousie, se détourner de son partenaire et lui cacher sa vulnérabilité. Quand on a la force de s'ouvrir et de montrer toutes ses peurs à son partenaire, on a fait un premier pas dans la direction d'une relation authentique et équilibrée.

Une relation dégagée des prétentions mutuelles à la possession de l'autre, en effet, commence par l'amour que l'on éprouve pour soi-même. Si l'on peut s'accepter avec ses forces et ses faiblesses, on reconnaît sa dignité même quand on se sent petit et triste. On est alors mieux en mesure d'accorder au partenaire son indépendance et de le libérer des chaînes qu'on a tenté de lui mettre par sa jalousie.

Mandala

Le centre du mandala est en flammes. Mes passions, marquées par la peur, la colère et la jalousie, tournent en rond en tremblant et en combattant. Mais elles se sont fixées dans ce centre, prisonnières de leur propre caractère borné. En peignant les flammes, j'éprouve de nouveau avec intensité mes émotions douloureuses.

Recommandation de couleurs
Bleu, vert, violet.

Quand j'ai complètement peint la zone interne, j'essaie, même en état d'épuisement et de vide affectif, de me rejoindre et de rejoindre mon partenaire. Je m'aperçois peu à peu que la confusion de mes sentiments m'a barré la vue de la réalité. Au lieu de continuer à me laisser mener par les projections de mes peurs intérieures, je les parcours sciemment et systématiquement. A chaque pointe dirigée vers l'extérieur, je revis l'une de mes peurs d'enfance d'être abandonné.

A l'étape suivante, je peins les pointes de la bordure qui sont dirigées vers l'intérieur et je montre à mon partenaire toutes mes angoisses. Ce faisant, je sens combien je puis compter sur son amour et sur sa compréhension et comment ma jalousie se dissout progressivement.

→ Vaincre ses peurs, Jouir de la solitude.

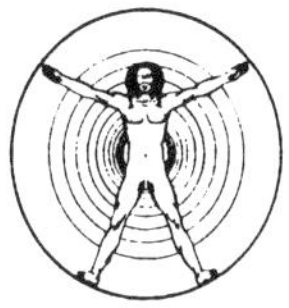

Unité

Est-ce un être vivant qui s'est scindé en lui-même ?
Sont-ils deux, qui se sont choisis, au point qu'on
les connaisse comme une seule personne ?
J.W. von Goethe.

Quand on vit à partir de son centre spirituel, on peut atteindre à l'état d'unité. L'unité est l'abolition de la dualité, de la désunion, de la division. Pensées et sentiments, action et volonté, paroles et comportement ne font plus qu'un. Dans l'unité vécue de l'intellect, de l'affectivité et de l'âme, la confiance que j'ai en moi-même se communique aux autres. Rien de trouble ne peut fausser ma relation aux autres.

Affirmation
Je suis l'un et je suis le tout.
Je suis mon centre et mes limites. Je suis moi.

Le sentiment d'unité peut n'être aussi qu'un bonheur rarement vécu, que nous atteignons après de rudes combats intérieurs. C'est le but d'un processus douloureux de transformation, la lumière au bout d'un long tunnel, la paix de la parfaite connaissance de soi.

Mandala

Quatre anneaux égaux sont imbriqués en une unité indissoluble. Ces anneaux sont constitués à leur tour de quatre cercles, qui délimitent trois zones. En leurs points d'intersection, celles-ci forment une étoile à quatre branches, au centre de laquelle se trouve un carré. Deux branches opposées de l'étoile peuvent également être interprétées comme une mandorle (rayon de lumière en forme d'amande, tel qu'il entoure aussi les saints sur les images du Moyen Âge).

Ainsi, ce mandala de l'unité est marqué par la symbolique du cercle et de la mandorle, du quatre et du trois.

Le cercle est le symbole du moi. Il réunit en lui aussi bien le mouvement et la transformation permanente que l'éternité. Le cercle offre à l'homme la possibilité de la transcendance et de la rencontre avec la divinité.

La mandorle, l'espace en forme d'amande découpé entre les cercles, représente la potentialité. En elle gît le germe du changement dans la permanence.

Recommandation de couleurs
Laissez-vous surprendre.

Le quatre est à la base de la croix, qui crée l'équilibre entre les contraires, entre les points cardinaux, le haut et le bas, l'identité et le moi, la raison et la psyché. Le quatre est ainsi le nombre de la pondération, de l'harmonie et de l'ordre. Dans l'intégration de différentes parties, il atteint la totalité et l'accomplissement. Quand je fais confiance à ses propriétés, je parviens à une connaissance approfondie et à une plus grande conscience.

Le trois complète la signification symbolique de la structure du quatre en conférant au mandala, par la dissolution des tensions d'opposition, une troisième et nouvelle composante, l'aptitude à un processus dynamique.

Après achèvement de ce mandala, qui est en soi reposant mais nullement statique, je reconnais mon lieu de séjour et je me sens un avec moi-même et avec le cosmos.

→ Transformation.

Jouir de la solitude

Quand vous vous sentez solitaire,
quand vous êtres seul,
vous êtes alors en bien mauvaise compagnie.
Jean-Paul Sartre.

La solitude réveille nos angoisses parce qu'elle nous montre notre véritable condition existentielle : dans les circonstances fondamentales de l'existence (la naissance, la mort), nous sommes seuls. Cette prise de conscience est presque insupportable. Nous fuyons dans les contacts et, à la solitude, nous préférons même des relations superficielles et insatisfaisantes. Mais ce genre de relations peut-il nous apporter paix intérieure et bonheur ?

On ne trouve l'une et l'autre qu'en s'ouvrant aussi aux aspects obscurs de son existence. En se mettant complètement à l'écoute de soi-même, en acceptant aussi la douloureuse contemplation de sa solitude existentielle, on remonte aux sources de sa richesse intérieure. On découvre en soi un espace qui contient des trésors lumineux, créatifs, gratifiants : son véritable moi. On ne vit plus sa solitude comme quelque chose d'angoissant, mais comme une expérience de félicité.

Affirmation
Je suis à l'écoute de moi-même et je jouis de ma solitude.

Quand je dispose d'un week-end libre inattendu, je ne me précipite pas aussitôt sur le téléphone pour prendre rendez-vous avec des amis. Au lieu de cela, je reste tranquille à la maison. Je réfléchis à l'occupation qui me procurerait de la joie. Je m'offre le temps devenu libre pour m'occuper de moi, pour me rapprocher de moi-même et m'abandonner à mes souvenirs. Je note mes sentiments, je les peins et je jouis de la merveilleuse tranquillité qui me remplit.

Mandala

L'étoile à cinq branches est un vieux symbole de l'homme solidement campé sur ses deux jambes et qui possède un sentiment bien marqué de son identité. J'expérimente ici l'étoile comme une expression de mon humanité et de ma totalité naturelle.

L'étoile, au centre du mandala, rayonne force et énergie. Elle se meut dans un espace libre et se suffit à elle-même.

Recommandation de couleurs
Jaune, bleu.

Peut-être, en peignant, vais-je remplir de nouvelles formes l'espace libre intérieur ; peut-être vais-je prolonger vers l'intérieur les lignes de l'étoile. Je colore le centre de la couleur qui rend au mieux ma personnalité.

L'étoile est entourée d'un bord épais qui préserve mon intégrité. Un rayonnement en émane, qui renvoie au puissant éclat de ma personnalité. Ces rayons établissent mon lien aux autres, lequel subsiste encore dans ma solitude.

→ Créativité.

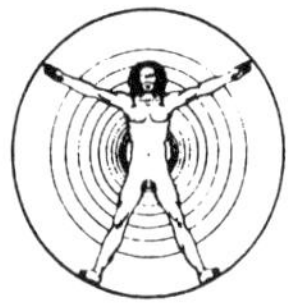

Faire le plein d'énergie

Selon moi, l'énergie est la première
et la seule vertu de l'homme.
Wilhelm von Humboldt.

Les hommes ont de plus en plus de mal à se soustraire à la vie trépidante du quotidien et à s'en déconnecter complètement. Le surmenage et l'activité fébrile peuvent traduire la peur cachée de la rencontre avec soi-même, avec ses désirs secrets, avec ses angoisses.

Après des efforts physiques ou intellectuels prolongés, on en arrive à un point où plus rien ne va. On se sent tout simplement lessivé. Les réserves de force sont épuisées et l'on s'enlise dans la passivité.

Affirmation
Je rassemble mes forces et je les dirige vers tous les domaines de ma vie.

On ne devrait pas lutter contre cet état, mais le saluer comme une préparation paisible à la phase de récupération d'énergie. Abandonnons-nous consciemment à la détente totale et sentons comme notre corps et notre esprit se régénèrent peu à peu. Profondément recentré en soi-même, on commence à récupérer ses forces.

En se retirant en soi-même, en cherchant à se connecter à sa source de force intérieure et en se chargeant d'énergie, on prend la voie de la véritable réalisation de soi.

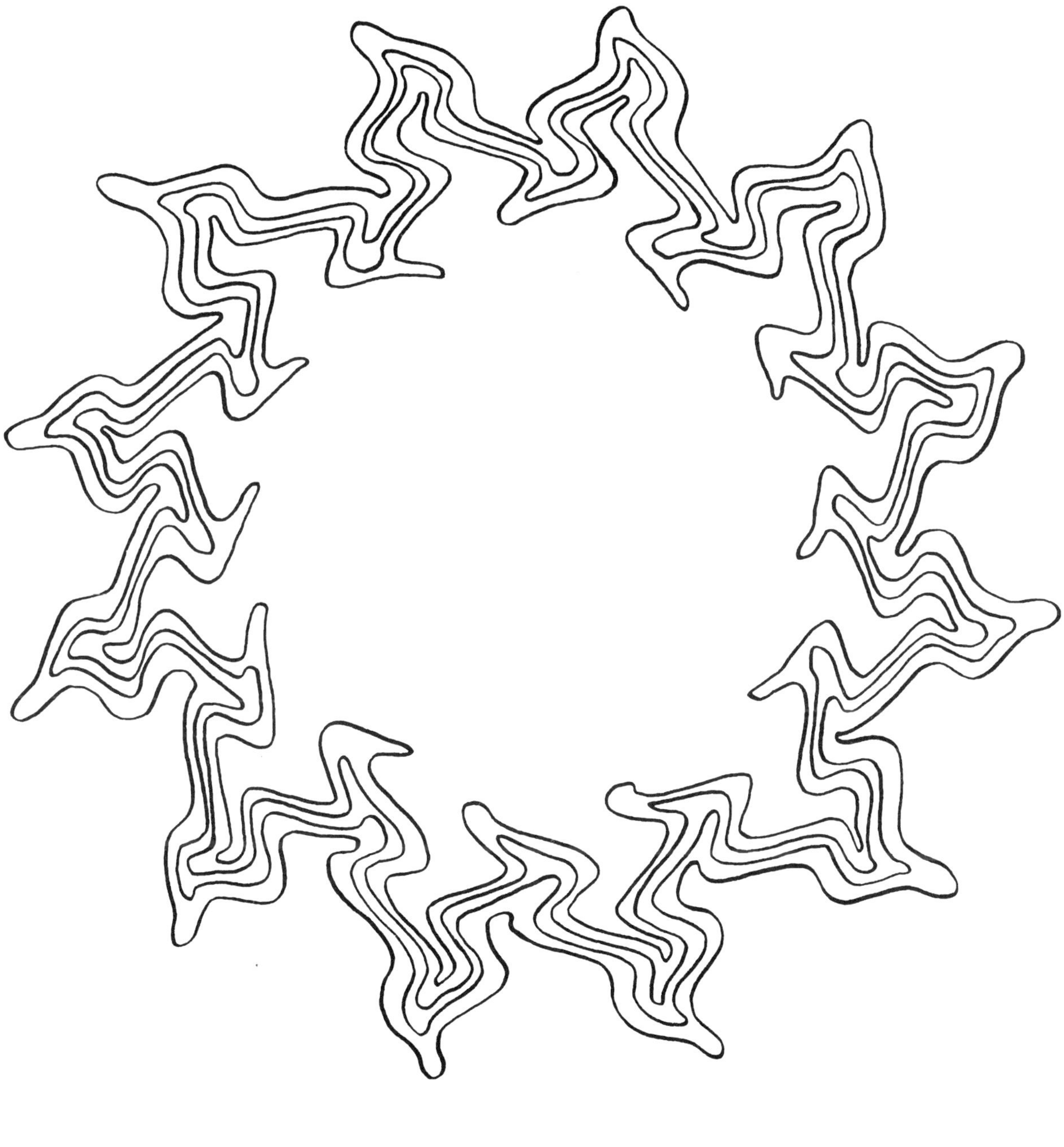

Je veillerai à entretenir le contact avec mes énergies créatives en observant consciemment des phases de récupération périodiques. Je puis ainsi poursuivre mes objectifs avec détermination, employer mon énergie pour mon plus grand profit et le profit d'autrui.

Mandala

Je commence à peindre au centre. Un grand vide m'entoure. Quelle couleur mon épuisement a-t-il ?

Je me fraie un chemin vers la source intérieure de ma force, j'essaie d'en dégager l'accès, d'entrer en contact avec son courant nourricier. La couleur de mon épuisement pâlit déjà, passant à des tons prometteurs d'énergie et de force.

Recommandation de couleurs
Rouge, jaune, orange et autres couleurs.

Peu à peu, je sens combien la rencontre avec mes courants primordiaux me remplit d'énergie. De plus en plus vigoureusement, je remplis de cette énergie l'espace intérieur du mandala et gagne énergiquement l'extérieur avec des tons vigoureux de rouge, d'orange et de jaune. La structure de flammes du bord du mandala est l'expression de mon énergie recouvrée, que je puis convertir en actions de façon ciblée.

Douze flammes harmonieusement animées se fraient un chemin vers l'extérieur et, en peignant le mandala de l'énergie, je bénéficie de la signification symbolique du nombre douze. Il reflète aussi bien l'ordre cosmique que le rachat individuel et le recommencement. Après accomplissement d'un cycle, je puis, grâce à ma nouvelle force, progresser d'une étape dans la spirale de mon développement.

Prendre des décisions

Qui a trop de mal à prendre chaque décision
n'en prend aucune.
Harold Macmillan.

Nous connaissons tous la situation où il faut absolument prendre une décision mais où l'on ne sait pas laquelle est la bonne. Le processus de décision peut alors devenir torture : parmi un grand nombre de voies possibles, une seule doit être choisie. Nous savons que beaucoup de choses dépendent de notre bon choix, et cela peut nous paralyser.

Je n'accepte pas de décider sous la pression. En y regardant de plus près, je m'aperçois que je puis envisager encore un assez grand nombre de possibilités. Quand je me demande quelles conditions je pose à la direction à prendre, je me suis déjà sensiblement rapproché de ma décision, car toutes les voies ne correspondent pas à mes idées, et je puis déjà opérer un tri.

Nous nous laissons guider par notre entendement, notre raison et notre logique tout autant que par nos sentiments. Quand on est parvenu à une décision, on l'examine encore une fois en laissant passer la nuit et en restant à l'écoute de soi. La direction prise est-elle véritablement la nôtre, ou ne la prenons-nous que pour l'amour de quelqu'un d'autre ? Sommes-nous vraiment d'accord avec le choix effectué, ou celui-ci nous torture-t-il encore ?

Affirmation
Je prends conscience des conditions que je pose, puis je vérifie si les différentes solutions les remplissent. Il m'est ainsi facile d'opérer un choix.

L'indécision nous empêche de vivre notre vie, mais une décision prise hâtivement et sans conviction peut tout autant nous nuire durablement.

Mandala

Recommandation de couleurs
Vert, jaune.

Quand je me trouve devant une décision difficile, je peins, dans mon mandala, chaque triangle interne en lui donnant un nom. Chaque triangle représente un choix possible, que je peux faire. Si je dois me décider entre plus de quatre possibilités, je traite les triangles plus petits, sur le pourtour, comme possibilités de choix. Les grands comme les petits triangles sont subdivisés, de sorte que, en les peignant, je puis examiner chaque solution quant à ses aspects intrinsèques. En mettant de la couleur sur les diverses facettes, je vois mon attente se construire peu à peu. L'ordre se dégage d'un modèle d'abord confus, et j'acquiers de plus en plus de certitude quant à la décision que j'ai à prendre. En même temps, je suis aidé par les fleurs de lotus extérieures, qui, par leur valeur en tant que symbole de la connaissance, couronnent mon processus de décision comme une rosace triomphante.

→ S'affirmer.

Détente

La tension est une habitude. La détente aussi.
Les mauvaises habitudes peuvent être changées,
on peut s'exercer aux bonnes.
William James.

Les multiples obligations du quotidien, souvent, ne nous laissent pas le temps du recueillement. Peut-être veillons-nous à nous détendre physiquement pendant notre séance hebdomadaire de gymnastique ou en skiant. Peut-être veillons-nous aussi à prendre suffisamment de temps pour manger, afin de détendre le corps et l'esprit. Mais notre âme aussi a besoin d'un lieu de recueillement et de paix. Si modestes que soient nos besoins spirituels, ils n'en demandent pas moins à être satisfaits. Les distractions quotidiennes peuvent facilement obstruer la voie qui mène à notre vrai moi, à nos désirs, à nos angoisses, à nos aspirations.

Affirmation
Je prends aujourd'hui du temps pour une contemplation paisible et je sens comme le calme et la détente entrent en moi.

Quand nous prenons l'habitude de méditer régulièrement, de prier, de nous rapprocher de la nature ou simplement de nous retirer une demi-heure dans la contemplation, nous nous constituons un réservoir intérieur de détente et de paix. De cette façon, nous pourrons mieux maîtriser stress quotidien et énervement, rester dans un échange vivant avec notre moi.

Mandala

Je commence à peindre dans le milieu du mandala. Je suis encore tendu et concentré.

Puis je repasse au crayon les lignes en demi-lune qui vont du milieu vers l'extérieur et, là, passent à la demi-lune suivante. Ce mouvement confortable de va-et-vient me permet de prendre du recul mentalement, de me détendre, d'adopter une perspective de distanciation. Dans cette zone, j'arrondis le carré intérieur jusqu'à ce que je me sente tranquille et que mon rythme intérieur s'apaise.

Recommandation de couleurs
Vert, bleu.

Je me tourne maintenant vers le cercle qui coupe les quatre mandorles (figures en forme d'amande) et les relie entre elles. En le peignant, j'ajoute les forces symboliques du cercle à celles du carré. Celui-là est structurellement à la base de la ligne qui constitue les quatre demi-lunes. Je m'expérimente ainsi comme totalité, dans l'équilibre de mes tendances opposées. Mes contradictions internes sont rééquilibrées. Je vis sciemment mon moi comme un grand espace où les tensions peuvent être dissoutes.

Cette vastitude devient également sensible dans les cercles concentriques qui limitent le mandala. A chaque nouveau cercle vers l'extérieur, je sens ma détente.

→ Contentement.

Liquider sa déception

Il n'y a pas de plus grande déception
que de s'adresser, avec une grande joie au cœur,
à quelqu'un d'indifférent.
Christian Morgenstern.

Il y a des déceptions que l'on revit sans cesse. Elles remontent à de vieilles blessures non cicatrisées. Inconsciemment, nous remettons en scène cette déception originelle ; nous créons une situation où nous revivons la même souffrance, mais sans parvenir à une solution. Quand nous nous abandonnons à cette déception initiale et aux sentiments négatifs qui lui sont liés, quand nous nous heurtons vraiment à la racine de la souffrance, nous pouvons nous évader du cercle vicieux. Nous pouvons cesser d'être la victime de l'illusion et de la déception.

La déception naît aussi de fausses attentes. Quand je suis déçu, je devrais vérifier ce que, inconsciemment, j'attendais de mon partenaire. Ces attentes étaient-elles réalistes ? Les ai-je communiquées à mon partenaire ? Peut-être que je devrais me considérer moi-même comme responsable de la déception subie. Peut-être que je me suis imaginé avec complaisance que ce qui me plaisait le plus allait se produire. J'ai peut-être attendu de l'autre des décisions et des comportements non conformes à sa nature. Si alors mes rêves irréalistes éclatent, je ne dois pas lui en imputer la faute, même si je me sens d'abord trahi et plein de colère.

Affirmation
Je vis ma déception avec tristesse et intensité. En modifiant mes attentes, je liquide ma déception.

Une déception consécutive à de fausses attentes peut conduire à une réorientation de mes prétentions et à une modification de ma relation, laquelle, se fondant sur la vérité individuelle de tous les intéressés, reçoit une base plus proche de la réalité.

Mandala

Le mandala m'aide à liquider diverses déceptions. La structure centrale spiralée représente une grosse déception récente. En la répétant par la peinture, de l'intérieur vers l'extérieur, je revis mes souffrances.

Recommandation de couleurs
Rouge, vert, violet.

Puis je me tourne vers les autres spirales. Elles aussi représentent des déceptions auxquelles j'ai été confronté. Elément par élément, je travaille mes vieilles blessures et je découvre peu à peu que ce mandala contient encore d'autres formes. Dans la mesure où mon regard devient plus libre, je reconnais que ma vie n'est pas faite que de chagrin et de douleur mais que, entre les spirales de la déception, des formes nouvelles et prometteuses fleurissent : fleurs délicates qui se dégagent des spirales, cercles dans l'espace libre, triangles qui entourent les cercles. Je comprends que ces formes représentent beauté et richesse dans ma vie, et j'en éprouve de la reconnaissance.

→ Guérir les vieilles blessures.

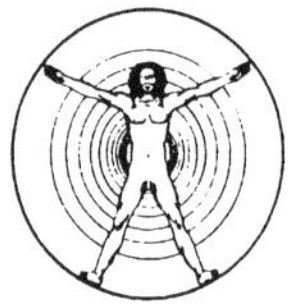

Trouver la plénitude

Le monde dure éternellement,
Car il ne vit pas pour le moi,
Mais il s'est lié indissolublement à la vie…
En le servant dans l'amour,
Tu peux atteindre à la plénitude.
Tao-te-king.

Chacun atteint la plénitude à sa façon. Nous sommes remplis quand nous sommes aimés, quand nous sommes satisfaits de notre travail ou vivons la beauté d'un lever de soleil. A la plénitude appartient le sentiment de sa propre liberté, de la vastitude intérieure, de l'harmonie. Etre rempli, c'est s'épanouir, c'est être au clair avec soi-même.

La condition d'une vie remplie, c'est l'interaction équilibrée de l'intérieur et de l'extérieur. Quand je vis retiré et que je renonce aux relations intenses avec les autres, mon courant créatif intérieur peut tout autant se bloquer que dans un mode de vie complètement extraverti, qui ne laisse aucune place au calme et à la réflexion au plus intime de moi-même.

Affirmation
Plus je donne et prends,
plus je suis rempli.

Je dois ne faire qu'un avec moi-même, être riche en pensées et en sentiments et reposer harmonieusement en moi-même. Je suis alors en mesure de communiquer à d'autres ma richesse intérieure et de recevoir moi-même dans un échange mutuel.

Mandala

Recommandation de couleurs
Couleurs complémentaires ; bleu clair, jaune.

L'hexagramme est un symbole qui possède une éminente signification dans diverses cultures anciennes. C'est une étoile à six branches constituée de deux triangles imbriqués l'un dans l'autre. Les interprétations traditionnelles voient dans le triangle reposant sur sa pointe un « signe d'eau », féminin, et, dans le triangle orienté la pointe en haut, un « signe de feu », masculin. Fondus ensemble, les triangles représentent un système dual harmonieusement ordonné.

Dans la tradition alchimique autant que dans la franc-maçonnerie, l'hexagramme est considéré comme symbole de totalité.

En peignant l'hexagramme, je me confronte à toutes les facettes de ma personnalité. En colorant d'abord un triangle, puis l'autre, je commence par considérer les tensions et contradictions qui existent en moi, avant de faire l'expérience gratifiante et enrichissante de leur dépassement. Dans l'échange de la lumière et de l'ombre, du je et du tu, du donner et du prendre, mon être se remplit dans sa totalité.

Les cercles extérieurs reflètent la complexité de l'expérience de la plénitude et sont à leur tour flanqués d'un carré.

La quadrature du cercle est un symbole alchimique de l'union du ciel (cercle) et de la terre (carré). Grâce à ce symbole, les contraires sont équilibrés par synthèse et l'énergie est consolidée par la plénitude du moi.

→ Unité, Richesse intérieure.

Dissoudre les rigidités

Un homme déshabitué des larmes
Peut se croire un héros ;
Mais, vienne le tumulte intérieur,
Dieu lui donne de pleurer.
J.W. von Goethe.

Certaines structures sont nécessaires tant dans le comportement propre que dans la vie sociale et dans la vie de couple. Elles ne doivent toutefois pas conduire au rétrécissement de la personnalité, aux petits jeux de pouvoir ou à l'aliénation par rapport aux autres et à soi-même.

Quand on est parvenu en un point où camper sur ses positions conduit à une apathie paralysante et à une communication perturbée, on doit dissoudre les structures rigidifiées et chercher une réorientation radicale. Ce processus est extrêmement difficile et douloureux, car il met en question notre façon de penser et d'agir antérieure, la totalité de notre ego. Nous devons reconnaître – en opposition à notre pensée consciente – que nous sommes parvenus en un point bas. Il ne nous reste plus rien d'autre à faire que de redéfinir nos attentes et de laisser monter nos vraies émotions.

Affirmation
Je suis prêt maintenant à laisser tomber tous les masques et à me laisser guider par mon vrai moi.

Profondément ancrée en moi se terre une vieille douleur née de la négation de mon vrai moi. Si je laisse sortir cette souffrance, si je laisse couler mes larmes, si j'abandonne mon comportement masqué, qui m'a rendu étranger à moi-même, alors je réussis ma rénovation. Il me faut abandonner mes mécanismes de contrôle antérieurs et lâcher prise intérieurement. Je traverse alors un processus de transformation qui commence par la mort de mon ancien ego mais au terme duquel, délivré et clarifié, je retrouve mon moi originel.

Mandala

A l'intérieur du mandala se trouve une croix dont les éléments sont solidement enchevêtrés. L'ébranlement de structures aussi rigides paraît difficile ; pourtant, la forme ondulée des éléments montre que la structure a déjà commencé à se relâcher. La rigidité connaît un processus de dissolution.

Recommandation de couleur
Violet.

Tandis que je peins cette forme, je me représente mes propres rigidités mentales et comportementales. En même temps, je poursuis dans le mouvement ondulé les possibilités d'explosion de ma rigidité. Je m'abandonne de plus en plus au mouvement coulant et au relâchement croissant des nœuds.

La croix est cernée de trois cercles ; ils représentent le nouvel ordonnancement de la vie, devenu nécessaire par la dissolution des vieilles structures. Je puis les peindre suivant mes goûts et sentiments, selon ce que j'attends de ma nouvelle vie.

→ Purification/catharsis, Accepter les changements.

Paix

Bénis soient ceux qui, sur terre, instaurent la paix.
William Shakespeare.

Affirmation
J'accepte la variété de la vie humaine et suis en paix avec moi et avec les autres.

Trouver la paix intérieure est l'un des plus grands désirs et l'un des buts les plus importants de l'homme. L'unité avec soi-même et avec les autres, la paisible harmonie entre l'intérieur et l'extérieur créent le sentiment de paix.

La paix nécessite un espace de calme intérieur. Il nous faut tempérer notre rythme de vie si nous voulons créer les conditions d'une paix authentique. Les armes que nous brandissons constamment dans notre entourage doivent être déposées. Nos efforts doivent viser à mettre en accord nos désirs individuels avec ceux des autres, en particulier ceux du partenaire de la relation amoureuse.

Ce faisant, nous n'avons pas le droit de nous laisser aller à une paix apparente. Les problèmes relationnels existants ne doivent pas être éludés, les différends ne doivent pas être passés sous silence. Le contentieux affectif ancien, dans le couple, nécessite absolument un traitement commun, parfois douloureux, si nous voulons créer les conditions d'une véritable paix.

La paix inclut les oppositions. En acceptant la diversité des opinions et des modes de pensée, en acceptant les différences sans me sentir menacé, je fais un pas important sur la voie de la paix intérieure et de la paix avec les autres.

La paix est toujours détruite là où l'étranger est ressenti comme menaçant et donc rejeté, combattu. Pour nourrir la délicate plante de la paix, je veux me montrer ouvert à tout ce qui est étranger et en tirer des leçons.

Mandala

Recommandation de couleurs
Jaune, vert, bleu, rose.

La colombe est symbole traditionnel de paix. Elle remplit le centre du mandala et est posée sur un rameau vert.

Cette image diffuse une réceptivité à la paix qui doit être traitée avec le plus grand soin et avec la plus grande attention pour pouvoir croître et prospérer. En peignant la colombe et le rameau, avec ses fines pousses, je prends conscience de la nécessité d'approcher avec sollicitude et amour cette image délicate.

Huit pétales entourent, en le protégeant, le symbole de la paix. Ils rayonnent l'harmonie et, en vertu de l'effet symbolique du nombre huit, soutiennent la stabilité qu'exige la croissance de la colombe de la paix.

→ Contentement.

Protection

L'amour de la mère est le bouillon de culture de l'âme.
Vieil adage populaire.

L'amour et la protection de la mère sont la pierre de touche de notre confiance originelle et nous permettent de plonger dans les profondeurs de notre âme pour y trouver chaleur, richesse et force.

Si nous avons reçu cette force en partage, nous y puisons la faculté de nous soucier aussi des autres, de les soutenir et de les faire participer à notre force.

Dans l'intimité d'une relation amoureuse, les deux partenaires devraient alterner le rôle protecteur. Chacun connaît des phases de force et des périodes de faiblesse. Quand chacun des partenaires, dans cette alternance, reconnaît avec sensibilité le besoin de l'autre et le prend en compte, la relation gagne énormément en confiance et en profondeur.

Affirmation
Je suis reconnaissant de l'attention pleine d'amour que je reçois, et je la rends de tout mon cœur.

Je materne consciemment mon partenaire quand il va mal. Je suis attentif et tendre dans la certitude que je puis aussi me fier à sa protection quand j'en ai besoin à mon tour. Il nous faut toutefois veiller à ne pas étouffer notre partenaire par trop d'attentions.

Mandala

Le mandala contient l'idée de protection sous son double aspect : la mère, qui protège l'enfant de ses mains, représente la partie donnante, tandis que le bébé représente la partie prenante.

Je me représente mon besoin actuel et je commence en conséquence. Si j'ai besoin maintenant d'être cajolé, je peins d'abord l'enfant. Je suis cet enfant et je ressens, plein de confiance, la chaleur et la protection qui émanent des mains maternelles. Je me sens en de bonnes mains, en toute sécurité.

Peu à peu, j'accomplis une mutation et je deviens ces mains. Je sens à présent que la chaleur bienfaisante part de moi et communique à son tour protection et confiance. Je prends de plus en plus le rôle de la mère, je peins son visage. Les boucles régulières, les yeux. Une grande force me remplit, qui rayonne de moi et comble le domaine intérieur de la protection.

Recommandation de couleurs
Vert, rose, bleu.

Un cadre plus large assure l'inviolabilité de l'unité protégée que constituent la mère et l'enfant. En le peignant, je me concentre sur l'idée de protection, qui contient les deux choses : donner et prendre.

En dehors de ce cercle, huit figures régulièrement disposées symbolisent l'harmonie et l'éternelle mutation entre partie donnante et partie prenante de la protection.

→ Confiance.

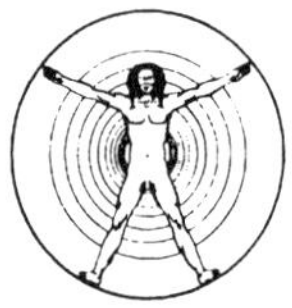

Unir les contraires

Plus claire la lumière, plus sombre l'obscurité...
Il est impossible d'apprécier correctement la lumière sans connaître les ténèbres.
Jean-Paul Sartre.

Entre les contraires existe une tension qui maintient la vie en mouvement et garde les hommes vivants. La lumière et l'ombre, la clarté et l'obscurité, le je et le tu, le yin et le yang, l'homme et la femme constituent des couples où les deux parties ont des comportements contraires, constituent des pôles et appartiennent pourtant indissolublement l'une à l'autre. Dans les moments où l'opposition est dissoute, où les pôles se trouvent et où une unité se forme, l'harmonie règne. En surmontant les éternels contraires, en unissant l'homme et la femme, le je et le tu, nous nous hissons à un niveau supérieur d'existence. Dans ces rares instants, nous connaissons la signification de l'accomplissement. Tant que nous tendons vers cette fusion, nous poursuivons notre développement. Nous intégrons l'altérité et en tirons des leçons.

Affirmation
En acceptant en moi les contradictions, je deviens entier. En acceptant l'altérité de mon partenaire, je rends notre relation complète.

Dans le couple, nous voulons laisser s'écouler en un tout, de façon créative, nos éléments contraires. Dans l'acceptation de l'altérité du partenaire gît une énorme chance d'élargir notre conscience et de vivre une riche relation.

Je ne veux plus continuer à entretenir séparément les contraires en moi. En n'acceptant plus les affreuses barrières érigées entre ma conscience et mon subconscient, en entrant dans mes angoisses et mes désirs cachés, je me prépare à leur liquidation et à l'harmonie.

Mandala

Le mandala est marqué par des oppositions ordonnées. Celles-ci sont constituées par des hexagrammes imbriqués et par six cercles circulairement ordonnés dont les centres coïncident avec les pointes extérieures des hexagrammes. A chaque cercle est opposé un autre cercle. En dépit des tensions entre les contraires, l'ordre et l'harmonie finissent par l'emporter : au centre, les lignes de contact de l'hexagramme engendrent un cercle, l'angulaire devient rond.

Recommandation de couleurs
Vert, violet, rose.

Tandis que je colore les différentes parties, je les nomme comme des qualités présentes en moi et je cherche leur contrepartie. Celle-ci peut être une qualité opposée en moi ; elle peut être aussi un aspect de la personnalité de mon partenaire auquel je m'oppose. En peignant d'abord un élément, puis l'élément opposé, je me place successivement dans des positions contraires, je m'identifie avec l'une et l'autre et je les dépasse au sens d'une synthèse à un niveau supérieur. L'ensemble du mandala constitue une structure harmonieuse, renforcée par les cercles de la périphérie et les demi-lunes qu'ils renferment.

→ Unité.

Relation heureuse

Le travail visible est effectué.
Faites maintenant le travail du cœur.
Rainer Maria Rilke.

La condition d'une relation heureuse est l'aptitude à éprouver le bonheur. Chacun éprouve le bonheur à sa façon, chacun en a sa propre définition. Beaucoup de gens connaissent des sentiments de bonheur qu'ils éprouvent régulièrement ; d'autres se contentent de se rappeler une ou deux situations de leur vie où un profond bonheur les a traversés.

Une chose est sûre, c'est que le pur bonheur monte des profondeurs de notre moi. Il peut y avoir une raison extérieure à cela : gain matériel, réussite, approbation, etc. ; mais sa cause est ma richesse intérieure, la plénitude et la variété de ma vie intérieure ; c'est le courant de vie dans lequel mes pensées, mes sentiments et mon âme sont un et pourtant si divers.

Si je puis laisser s'écouler mon bonheur à l'extérieur, le communiquer et l'offrir à mon partenaire, si je suis en même temps ouvert aux dons qu'il me réserve, je crée les conditions d'une relation heureuse avec lui. Dans celle-ci, chacun est là pour l'autre et pourtant libre et indépendant. Chacun est en même temps fort et faible, celui qui donne et celui qui prend. Là, je puis faire confiance à mon partenaire comme à moi-même, nous additionnons nos potentiels et gagnons en force.

Affirmation
Je suis en harmonie avec mon partenaire. Je m'efforce de nourrir constamment mon bonheur en amour.

Mandala

La lemniscate (huit couché) exprime la relation de couple où les deux parties sont égales. Chacune constitue une unité distincte mais étroitement reliée à l'autre. En redessinant d'un mouvement lent la forme de la lemniscate, je découvre le rythme commun auquel vibrent nos pensées et nos sentiments. Le mouvement me montre aussi que le bonheur dans le couple ne peut être vécu que si je bouge. Si je crois avoir atteint le bonheur en amour et pouvoir cesser mes efforts pour l'autre et pour la relation, cet arrêt est déjà le commencement de la fin. Le bonheur dans la relation se conquiert constamment.

Recommandation de couleurs
Rouge, jaune.

Dans la relation heureuse, on réussit parfois à abolir la dualité, à la fondre en une unité. Celle-ci est symbolisée par le cercle du milieu, qui hisse l' « être pour soi » de chacun à un plan supérieur.

La couronne rayonnante qui entoure le puissant symbole de la relation heureuse en exprime la force. Elle la protège et est en même temps le signe de son développement.

→ Unir les contraires.

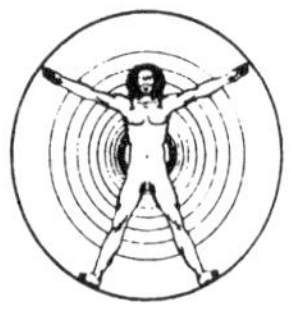

Tracer ses limites

Même l'homme d'expérience devrait observer ses limites.
Proverbe chinois.

Pour tracer et respecter mes limites, mais aussi pour les ébranler et les dépasser, j'ai besoin d'un sens affiné de la dignité et de l'intégrité de mon moi et de celui de mes congénères.

Nous sommes perpétuellement confrontés à la nécessité de définir nos limites. Si je restreins trop fortement les autres, j'essaie d'exercer sur eux un pouvoir et de limiter leur liberté. Si je trace au contraire trop étroitement mes propres limites, je cours le risque de me corseter dans des règles. Quand un autre me serre de trop près, il franchit mes limites et abuse de moi. Je ne puis ni ne veux l'admettre. Je doit défendre mes limites.

Affirmation
Je veux être ouvert à une relation où l'amour et la confiance mutuels font exploser les limites.

Dans la relation de couple en particulier, l'équilibre entre des barrières admissibles et le franchissement des limites ne s'obtient qu'en un mouvement permanent et tâtonnant. Le besoin de se délimiter et de se vivre comme une unité clairement circonscrite entre en conflit avec le besoin de dissolution des limites envers l'être aimé. La délimitation est quelque chose que nous désirons et que nous éprouvons en même temps comme une torture.

Mandala

A l'intérieur de ce mandala, une forme étoilée à quatre branches représente mon moi. Son expression est dirigée vers l'extérieur, car les pointes de l'étoile franchissent la frontière du monde extérieur, sans pour autant aller trop loin dans leur franchissement. Cet empiétement est l'engrenage entre l'intérieur et l'extérieur.

Les quatre unités de la forme intérieure expriment le centrage et la pondération. Le quatre est notamment symbole de rationalité, de structuration et de délimitation. En peignant ce mandala, je crée en moi la structure symbolique qui contribue à renforcer mon propre point de vue en face du point de vue des autres et me confère l'assurance nécessaire pour gérer mes limites et celles d'autrui.

Recommandation de couleurs
Violet, vert.

Le huit aussi a ici une signification symbolique. La disposition plastique de l'étoile à quatre branches fait naître au milieu une étoile à huit branches. Celle-ci multiplie par deux la stabilité de l'équilibre entre les pôles du je et du tu et souligne de façon impressionnante mon moi le plus intime au centre du cercle. Tout comme la symbolique du quatre est répétée par les trèfles à quatre feuilles, la structure décorative du bord extérieur mord sur la force symbolique du nombre huit grâce aux huit arcs.

Après avoir achevé le mandala, j'ai gagné en assurance. Je sais maintenant dans quelle mesure je tolère un franchissement de mes propres limites, et dans quelle mesure je puis franchir les limites de mon partenaire.

→ Dissoudre la jalousie, Amour.

Espérance

Entre la détresse et le bonheur s'ouvre une profonde crevasse.
L'espérance y jette un pont ;
mais il est suspendu dans le vide.
Heinrich Leuthold.

L'espérance vit profondément en nous. Elle est comme une plante modeste qui peut durer longtemps sans air, sans soleil et sans eau. Mais il ne faut pas la surmener. Quand, dans les temps difficiles, nous cédons à une attitude négative et pessimiste, quand nous admettons que les coups du sort nous terrassent et quand nous sombrons dans la résignation et la dépression, nous tuons en nous la plante de l'espoir, nous nous abandonnons nous-mêmes.

La vie est soumise aux vicissitudes. Après un point bas, le chemin nous conduit de nouveau hors de la vallée des larmes. Aucune vie n'est que tristesse, aucune vie n'est que bonheur.

Affirmation
Il n'y a pas d'expérience vraiment mauvaise dans la vie. Je suis rempli de l'espoir que je vais bientôt remonter la pente.

Quand nous saisissons que les hauts et les bas sont indissolublement liés, nous nous renforçons en face des coups du sort. La roue du destin, qui apparaît souvent dans l'art médiéval, symbolise les vicissitudes du destin des hommes. Tout ce que nous rencontrons dans la vie finit par se compenser.

Considérer un malheur subi comme la condition de l'approfondissement de notre aptitude à éprouver le bonheur, c'est donner une chance à l'espoir, c'est pouvoir acquiescer à la vie même dans les moments difficiles.

Mandala

L'espérance se présente sous la forme d'une plante, parfois d'un arbre. Celui-ci remplit le grand espace à l'intérieur de mon moi. Ses branches poussent vigoureusement vers l'extérieur. Elles sont fortes et saines et déterminent ma vie. A son sommet, mon arbre touche le soleil. C'est là que mon espoir se réalise. Le paysage intérieur de l'espérance est entouré d'une bande circulaire. En la peignant, je me représente cette zone comme une difficulté dans ma vie, que je dois vaincre. La force qui émane de la plante intérieure m'y aide : c'est la force de l'espérance.

Huit fleurs de lotus constituent tout autour une couche supplémentaire qui protège l'espérance et forme écran devant le monde extérieur.

Recommandation de couleur
Vert.

Pour peindre ce mandala, je puis choisir entre deux voies. Si je peins de l'extérieur vers l'intérieur, je me fraie un chemin à travers toutes les couches, tous les obstacles que m'oppose la vie, jusqu'à apercevoir enfin la confiance et l'espoir pour y puiser une force nouvelle.

Si, à l'inverse, je commence au centre par la plante de l'espoir, progressant ensuite vers l'extérieur, je me remplis de la force de l'espérance et, grâce à elle, je surmonte tous les obstacles.

→ Transformer les défaites en succès.

Trouver son centre intérieur

Nous ne pouvons pas échapper à une contradiction en nous-mêmes ;
nous devons chercher à la résoudre.
Quand d'autres nous contredisent, cela ne nous regarde pas,
c'est leur affaire.
J.W. von Goethe.

Les sollicitations quotidiennes variées auxquelles notre moi est soumis conduisent parfois à un déplacement de nos priorités. Nous tenons pour importantes des choses qui nous éloignent de notre noyau essentiel. Nous adoptons des comportements qui ne correspondent pas à notre personnalité. Nous délaissons notre propre point de vue parce que d'autres nous y poussent et que nous ne résistons pas assez. Notre centre se déplace ainsi et nous connaissons un déséquilibre intérieur.

Les fortes secousses morales et les crises peuvent aussi conduire à la perte de l'équilibre et de l'harmonie intérieure. Mais toutes les expériences amères comportent également la chance d'une croissance intérieure, d'affermissement et de maturité.

Affirmation
Une profonde détente me remplit et me montre mon centre intérieur.

En nous accordant une phase de repos, en nous détendant complètement et en nous abandonnant à la méditation, nous pouvons reconnaître et retrouver notre centre intérieur, ce qui constitue notre noyau. En réfléchissant à notre essence, nous apercevons nettement quels rôles inadaptés nous avons joués, quels comportements aliénants nous avons faits nôtres.

En reconnaissant ce que, au-delà des rôles et des fausses attentes, nous sommes vraiment, nous retrouvons notre centre, notre être véritable.

Mandala

La croix matérialise la symétrie parfaite. Elle partage l'espace en quatre parties égales, qui englobent tous les domaines de l'être.

Par sa branche verticale, elle relie la sphère terrestre à la sphère céleste et symbolise la spiritualité ; sa branche horizontale symbolise la matérialité.

Pour C.G. Jung, la croix est le symbole parfait du dépassement des oppositions et en même temps de la globalité du soi. Grâce à la symétrie parfaite des branches, le point d'intersection tombe au milieu, entre deux pôles.

Recommandation de couleur
Vert.

En expérimentant par la peinture l'harmonie des éléments réguliers et équilibrés du mandala, en me déplaçant de la périphérie vers le centre à distance constante, je vis mon propre recentrage.

Dans mon effort pour trouver mon équilibre intérieur et mon centre, je suis soutenu par la force symbolique du nombre quatre. Elle aide en particulier à la connaissance de soi et à la recherche de son lieu de vie.

→ Surmonter perturbations et inquiétudes.

Richesse intérieure

Dieu a créé l'homme comme une merveilleuse pierre précieuse, dans l'eau de laquelle se mire toute la création.
Hildegarde de Bingen.

La richesse intérieure naît d'un processus alchimique permanent de transformation, de combat et de purification. Elle est la conséquence naturelle d'un équilibre sensible entre les pôles du donner et du prendre, de la proximité et de l'éloignement, de l'amour et de la liberté, du je et du tu. Quand nous trouvons notre centre dans ce mouvement permanent, les richesses de notre plénitude intérieure se communiquent à nos congénères, les enrichissent et nous reviennent au centuple.

Mais nous devons maintenir actif ce flux gratifiant d'échanges et de profonde compréhension, nous devons nous demander sans cesse si nous sommes restés honnêtes envers nous-mêmes et envers les autres. Nous devons travailler constamment notre richesse intérieure en montrant le courage de nous ouvrir à l'autre et en surmontant l'angoisse qui nous étreint devant notre indépendance.

Affirmation
Je vis avec gratitude ma richesse intérieure et la communique aux autres.

Nous ne parvenons pas seulement à la source de notre moi dans l'échange avec les autres : dans une mesure égale, nous devons échanger avec notre centre intérieur et entretenir avec lui un contact vivant. Dans l'isolement, la solitude consciente – où nous faisons l'expérience d'être à la fois le « tout » et le « un » –, nous découvrons les richesses de notre créativité, notre force et notre beauté spirituelle.

Mandala

Nous vivons notre moi dans la forme circulaire. Ce mandala est également ordonnancé circulairement, sous forme d'une étoile à douze branches rayonnant aussi bien vers l'intérieur que vers l'extérieur. En peignant la plénitude rayonnante et vibrante de ce mandala, je rencontre les multiples facettes de ma personnalité.

Recommandation de couleurs
Faites confiance à votre inspiration.

Le milieu est dominé par une grande étoile évidée, mon centre, la source de ma richesse intérieure. Je puis remplir cet espace d'une ou de plusieurs couleurs, y peindre des formes ou des images, m'en remettant totalement à mon intuition.

Chaque ligne, chaque forme du cercle extérieur de l'étoile me dévoile la beauté de mon moi sous tous ses aspects. Ces formes s'agrandissent vigoureusement vers l'extérieur comme les ondulations nées d'un jet de pierre dans l'eau tranquille et rencontrent un écho dans la bordure extérieure de flammes. Ma richesse intérieure rayonne vers l'extérieur et se communique à d'autres personnes.

L'alternance entre moi et les autres se reflète dans la symbolique du nombre douze. Grâce au chiffre 1, celui-ci contient l'unité individuelle ; grâce au chiffre 2, son dépassement dans l'ouverture au tu. Sur la base de l'analogie avec des phénomènes de la nature, le douze est en outre l'expression d'une spirale évolutive permanente qui réunit en elle le commencement et la fin, l'accomplissement et la délivrance.

→ Jouir de la solitude, Trouver la plénitude.

Gagner en clarté

La lumière et l'esprit – régnant celle-là dans le physique, celui-ci dans le moral – sont les plus hautes énergies indivisibles imaginables.
J.W. von Goethe.

Les situations difficiles, les défaites et le doute de nous-mêmes qui survient alors font que nous perdons la clarté grâce à laquelle, jusque-là, nous maîtrisions notre vie avec succès. Nous sommes soudain dans la confusion, perdons notre vue d'ensemble et ne sommes plus capables de prendre des décisions.

Affirmation
Je descends dans mes profondeurs intérieures et gagne en clarté quant à mes désirs et à mes objectifs.

La clarté intérieure s'instaure quand je me libère des sentiments angoissants qui m'oppressent. Au lieu de me laisser dominer par eux, je veux essayer d'analyser raisonnablement ma situation et de l'éclaircir. Si, ce faisant, je découvre la cause de ma confusion, je l'élimine en modifiant sciemment mon comportement ou les circonstances extérieures.

Mais je constate peut-être aussi que je n'ai aucun motif de me laisser inquiéter par des sentiments anxieux.

En étant prêt à affronter des angoisses diffuses et des obstacles qui semblent insurmontables, je dépasse l'état de confusion et je gagne de plus en plus en clarté quant à mes objectifs et à mes désirs.

Mandala

Recommandation de couleurs
Jaune, un peu de gris, autres couleurs.

L'étoile à sept branches paraît simple et claire. Mais, à y regarder de plus près, on s'aperçoit vite qu'on n'a pas affaire ici, comme dans l'hexagramme, à deux structures superposées, mais que cette étoile est d'un seul bloc.

Je ne puis la démonter, puis la remonter proprement. Je dois entrer en elle. Une fois que je me suis abandonné à son itinéraire, celui-ci ne cesse plus de me tirer.

Mais c'est bien ainsi : chaque chemin, au bout duquel se trouvent découverte de soi et clarté intérieure, exige que j'investisse ma personnalité tout entière, mon moi intérieur.

Le sept symbolise la fin d'une époque où j'ai effectué un travail intérieur et où, de ce fait, je me suis trouvé.

Ce processus de clarification, je le répète dans les méandres de la bordure extérieure. En suivant les sinuosités de la spirale, je structure ma conscience. Devant mon œil intérieur se développe nettement la voie vers laquelle je m'oriente. Je vois de plus en plus clair.

→ Trouver son centre intérieur.

Créativité

L'homme vaut la peine
qu'il s'occupe de lui-même
et il a dans son âme
tout ce qu'il lui faut pour sa réalisation.
C.G. Jung.

La créativité est le don de développer quelque chose en dehors de structures préétablies. Agir de façon créative, c'est réaliser quelque chose qui n'est pas emprunté à un fonds déjà appris, mais monte des profondeurs de soi.

L'action créative implique la liberté intérieure. Dans l'activité créative, je ne me laisse pas limiter par des entraves conventionnelles. Je puis en prendre connaissance, mais en même temps je joue avec elles et essaie de les transformer.

En jouant avec ce qui est solidement établi, je dissous son irrévocable validité et je le transforme en fonction de mes propres besoins. Je ne me laisse pas forger, mais je forge mes règles à ma convenance.

Cependant, le processus créatif peut aussi se comprendre à l'inverse. Tant que j'évolue dans la liberté et l'inconséquence de mon imagination, je me meus dans la sphère du rêve. C'est seulement en accomplissant la démarche qui va du flux imaginatif de la pensée à l'action ordonnée que je réussis un acte créatif.

Affirmation
Je laisse libre cours à mon imagination et je la mets en œuvre dans une action créative.

La créativité crée de grands espaces de liberté et me gratifie de richesses qui viennent de l'intérieur de moi.

Mandala

Je découvre dans les spirales la richesse de mon imagination, qui me raconte d'innombrables histoires et me dépeint de multiples possibilités. En parcourant leurs tracés, je me représente ces possibilités et je les mets en œuvre dans une action créative. Mes pensées ne doivent pas tourner à vide, mais entraîner des conséquences. La spirale est un symbole qui libère des énergies créatives dans les couches les plus profondes de la psyché.

Agir de façon créative me remplit – et remplit aussi les autres – de satisfaction profonde et de joie. Quelque chose de nouveau surgit de chacun de mes actes. Le flux créatif ne se bloque pas, mais m'entraîne de plus en plus loin.

Recommandation de couleurs
Violet et autres couleurs.

Mon mandala se remplit des couleurs les plus belles, les plus lumineuses. Il me dévoile ma richesse intérieure et ma force créatrice. Le mouvement ludique que j'accomplis d'une spirale à l'autre me conduit, de l'intérieur vers l'extérieur, jusqu'aux formes plus sévères de l'octogone.

Il est intéressant de noter que deux carrés, superposés mais décalés, englobent le cercle créatif : la quadrature du cercle est le symbole de la synthèse de tous les contraires, et par conséquent aussi le symbole de la vie. Elle canalise mes impulsions créatrices dans des voies ordonnées, les stabilise et les harmonise, de manière qu'il en résulte des actions productives.

→ Richesse intérieure.

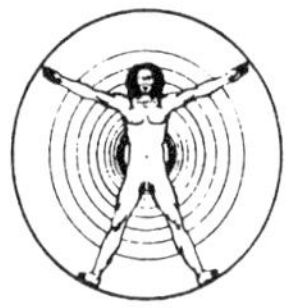

Joie de vivre

Si tu ne jouis pas de toi-même,
le monde ne t'apportera aucune joie.
Paul Heyse.

En nous détachant de représentations morales limitatives et de comportements appris, nous nous créons une base sur laquelle nous pouvons expérimenter la sensualité sous toutes ses formes, et en jouir. Sans nous adonner de façon effrénée à la concupiscence, aux plaisirs de la table ou à ceux du sport, nous sommes fondés à admettre et à vivre pleinement de telles joies.

En acceptant nos besoins sensuels, nous créons les conditions d'un libre flux d'énergie vitale, qui nous dote d'un érotisme créatif. Nous voulons jouir des cadeaux de la vie sans mauvaise conscience ni fausse honte.

Affirmation
Je jouis de la vie avec reconnaissance et je partage ma joie avec d'autres.

Ma joie de vivre est l'expression de la lumière intérieure que je sens en moi et que je rayonne. Elle provient de mon centre et se communique à d'autres. Elle croît et me revient. Dans ma disposition à donner et à recevoir la joie, je transcende la joie de vivre purement sensuelle en amour universel.

Mandala

Recommandation de couleurs
Rouge, jaune.

La joie que l'on éprouve de la plénitude de la vie est un sentiment de bonheur qui embrasse tout et que l'on ne peut confondre. Le mandala de la joie de vivre reflète cette complexité par la variété des formes et leur modèle filigrané : nous rencontrons en lui le cercle, la fleur, l'étoile, la symbolique du huit dans son doublement – par le nombre des fleurs dans le cercle – et le lotus.

Le tendre modèle de l'intérieur du cercle a quelque chose qui évoque le plaisir et le jeu, qui me ravit et me remplit de joie tandis que je le peins. Ses pétales extérieurs sont l'expression dynamique de la beauté, qui inclut tout autant la fragilité de l'être que le renouvellement de la vie.

Les fleurs représentent la spiritualité et l'art, mais aussi la fécondité.

La force symbolique du nombre huit, qui représente la stabilité et l'éternelle transformation, même pour la totalité, est aussi traitée de façon ludique : les angles extérieurs se trouvent reflétés à l'intérieur, par doublement, dans l'étoile à seize branches ainsi que dans les seize fleurs et les seize pétales.

→ Témoigner de la reconnaissance, Relation heureuse.

Amour

L'amour est le centre de tout : en l'homme comme dans l'action de Dieu. Et, depuis le centre, il se répand comme une flamme. Qui s'approprie complètement l'amour ne se trompera dans aucune direction. Car l'amour est au centre de tout. Il n'exagère ni ne néglige rien, il ne cède pas et ne perd rien. Il est et reste le noyau de notre existence. Il est l'âme et l'œil. Il arrondit la course du monde et réalise le bien.
Hildegarde de Bingen.

L'amour nourrit notre âme. Il vit en nous sous de nombreuses formes, comme flamme passionnément brûlante de la sexualité et de l'érotisme ou comme relation protectrice entre mère et enfant.

Sous quelque forme qu'il se manifeste, l'amour est toujours à la base d'une relation dans laquelle deux êtres humains communiquent dans une intimité profonde et harmonieuse. Chacun reconnaît en l'autre beauté et dignité, voit en lui toute la richesse intérieure prête à s'épanouir.

Dans l'amour, nous voulons surmonter les séparations, jeter un pont vers le tu, penser et sentir exactement comme l'autre et devenir un avec lui.

Le véritable amour est marqué par deux choses : il exige le dépassement des oppositions et en même temps la reconnaissance de la liberté et de l'individualité de chacun. Il confère force et sécurité et rend en même temps faible et vulnérable.

Affirmation
Je suis rempli d'amour et je le partage avec d'autres.

Je ne puis maintenir mon amour en vie que si j'entretiens le mouvement permanent et alternatif du donner et du prendre.

Mandala

Mon mandala d'amour contient les divers symboles et aspects de l'amour. Sa forme est celle de la mandorle, du champ lumineux en forme d'amande et couronné de flammes qui constitue un nid protecteur dans lequel mon amour grandit. En son centre, deux cœurs sont enlacés l'un dans l'autre. Le cœur est le symbole universel, interculturel et riche en tradition de l'amour et de la félicité.

Recommandation de couleurs
Rouge, bleu.

Les cœurs de la mandorle peuvent représenter l'amour aussi bien sous son aspect protecteur que sous son aspect de fusion dans l'alternance du donner et du prendre.

La passion s'exprime dans les flammes qui entourent la mandorle.

→ Relation heureuse.

Dissiper les malentendus

Comment l'esprit pourrait-il connaître quelque chose de l'esprit qui ne se manifeste pas ?
S'il n'y avait pas le langage,
comment l'âme pourrait-elle nous approcher ?
J.W. von Goethe.

Les malentendus sont souvent la cause de l'échec d'une relation. Là où cesse la compréhension mutuelle, je ne peux plus savoir ce qui motive mon partenaire ni ce qu'il attend de moi.

Quand l'échange commun est bloqué, je dois m'avouer que quelque chose s'est glissé entre mon partenaire et moi-même. Au lieu de douter de moi-même en silence et de m'abandonner à la critique silencieuse de l'autre, je recherche la discussion honnête, exempte de fausse retenue.

Mon incapacité à dire la vérité à mon partenaire est le signe que l'insincérité s'est déjà glissée dans la relation. Le silence, dans cette situation, conduit à une manipulation plus ou moins consciente de l'autre : j'admets des structures de tyrannie affective quand par exemple, au lieu de dire franchement mon opinion, je veux contraindre l'autre à certaines actions ou à certains sentiments par le silence, la mauvaise humeur, la maladie ou les sautes d'humeur.

Affirmation
Je prends le risque d'une explication franche, car je veux un partenariat authentique et profond.

Si, dans un couple, se sont constituées des structures qui rendent difficile une franche explication, il est d'autant plus important

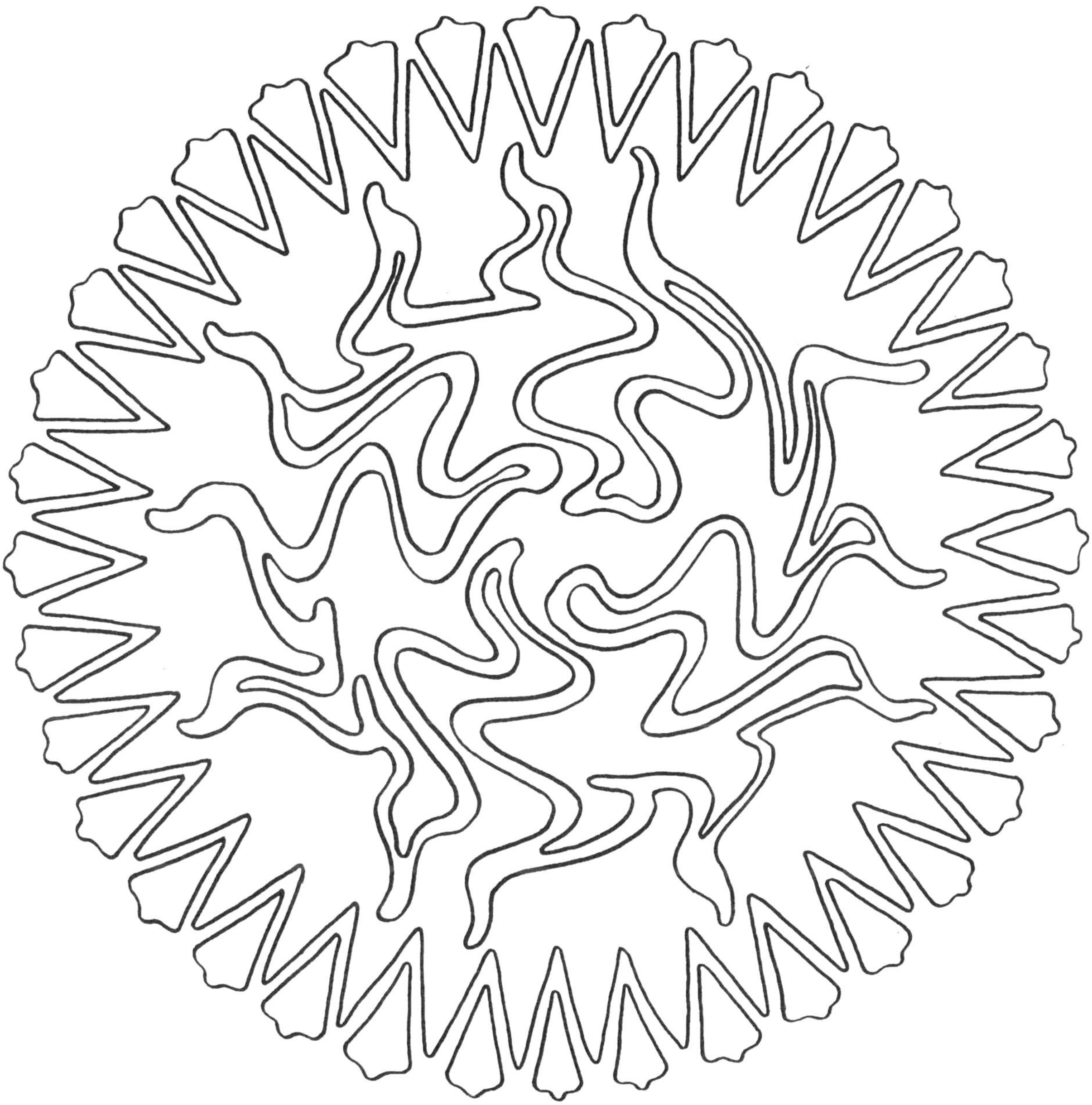

d'oser courageusement une initiative, qui ne doit pas être faite à contrecœur. L'issue en est d'abord incertaine, et c'est pourquoi l'explication est si angoissante : elle peut conduire à un redémarrage de la relation, mais aussi à une rupture libératrice.

Je veux être honnête et franc aussi vis-à-vis de moi-même. Je verbalise mes problèmes, dissipant ainsi mes obscurités intérieures.

Mandala

Le chaos règne à l'intérieur du mandala. Une ligne, qui est l'expression de ma confusion intérieure, suit un cours apparemment désordonné et embrouillé. En repassant d'abord cette ligne avec un crayon de couleur, je reconnais la structure de base d'un modèle intérieur. Je colore maintenant de plus grands aplats et je les nomme. Ils représentent des vérités que je voudrais me dire, ou que je voudrais dire à mon partenaire.

Recommandation de couleurs
Turquoise, jaune.

Après avoir rempli de couleurs l'embrouillamini intérieur et l'avoir ainsi mis en ordre, j'établis une connexion entre cette forme intérieure et les dents ordonnées de la bordure. Je suis maintenant en mesure d'extérioriser la vérité intérieure que j'ai élaborée et d'entreprendre une clarification de tous les malentendus existants.

→ Gagner en clarté.

Prendre courage

On ne découvre pas un nouveau continent
sans s'y enfoncer,
sans perdre de vue la mer pour longtemps.
André Gide.

Pour sauter par-dessus son ombre, il faut du courage.

Quand nous avons blessé quelqu'un, nous sommes torturés par la honte et la mauvaise conscience jusqu'à ce que nous ayons demandé pardon. C'est seulement alors que nous trouvons la paix intérieure et qu'un nouveau départ devient possible. Demander pardon exige beaucoup de courage.

Dans les démêlés quotidiens avec les autres, en particulier avec notre partenaire, il faut aussi être courageux. Il est difficile de rester fidèle à soi-même et de soutenir son point de vue lorsqu'il ne plaît pas à autrui.

Le plus souvent, nous avons été éduqués pour nous comporter gentiment, pour adopter une conduite courtoise et adaptée. Nous avons appris à nous conformer aux attentes parentales même si, ce faisant, des aspects importants de notre personnalité étaient réprimés.

Affirmation
Je reste fidèle à moi-même et entreprends avec confiance le voyage de ma vie.

Nous voulons enfin opposer une résistance aux exigences extérieures dès que nous remarquons que notre être est malmené et que notre intégrité en souffre. Mais étant donné que, en général, nous ne sommes pas passés par l'école de la résistance, nous avons besoin de beaucoup de courage pour dire non et pour imposer notre point de vue.

En affirmant nos principes avec constance, nous nous rendons compte que rien ni personne ne peut nous menacer. La force intérieure propre est invincible lorsqu'elle se présente de façon nette et conséquente.

Mandala

Le navire symbolise le voyage de ma vie, que je poursuis avec courage et confiance. Je quitte la terre ferme et me confie à un élément que je contrôle mal. Cependant, je dois prendre le risque d'un naufrage si je veux mériter la beauté et le bonheur qui m'attendent sur les nouveaux rivages des pays exotiques et ensoleillés.

Recommandation de couleurs
Rouge, bleu
et autres couleurs.

Mon navire est stable. Il est constitué d'un bois solide et il est vigoureusement propulsé, car sa voile est largement tendue. Une roue stylisée y est représentée, qui promet à mon périple liberté et dynamisme.

Le voyage de ma vie est délimité par plusieurs cercles. Où que je mette le cap, je reste solidaire de ma course.

→ S'affirmer, Nouveau départ.

Nouveau départ

Ce sont là les états changeants d'une âme.
Je ne crois pas au vieillissement.
Je crois que nous modifions sans cesse notre relation au Soleil.
D'où mon optimisme.
Virginia Woolf.

Dans toute vie, il existe des moments pour le changement, où nous prenons une nouvelle direction sur notre chemin.

L'achèvement d'une période de vie est le temps d'un bouleversement souvent douloureux, mais il contient le germe d'un nouveau départ. Même lorsque nous sommes oppressés parce qu'une phase de notre vie prend fin, parce que nous avons perdu notre partenaire, notre emploi, nos amitiés ou notre environnement familier, nous ne devons pas perdre courage.

Il ne faut pas ruminer sur la dureté du coup qui nous atteint, mais s'en représenter le riche potentiel d'expérience : une maladie nous montre que nous devons mieux faire attention à nous, une séparation peut être une libération, un licenciement nous fait sortir d'une impasse où nous nous sentions captifs depuis longtemps. La guérison est inhérente à tout événement traumatisant si nous y reconnaissons les incitations à un nouveau mode de vie et si nous les acceptons.

Si nous réussissons à reconnaître dans une rude épreuve la chance de notre propre développement, nous ne nous fermons

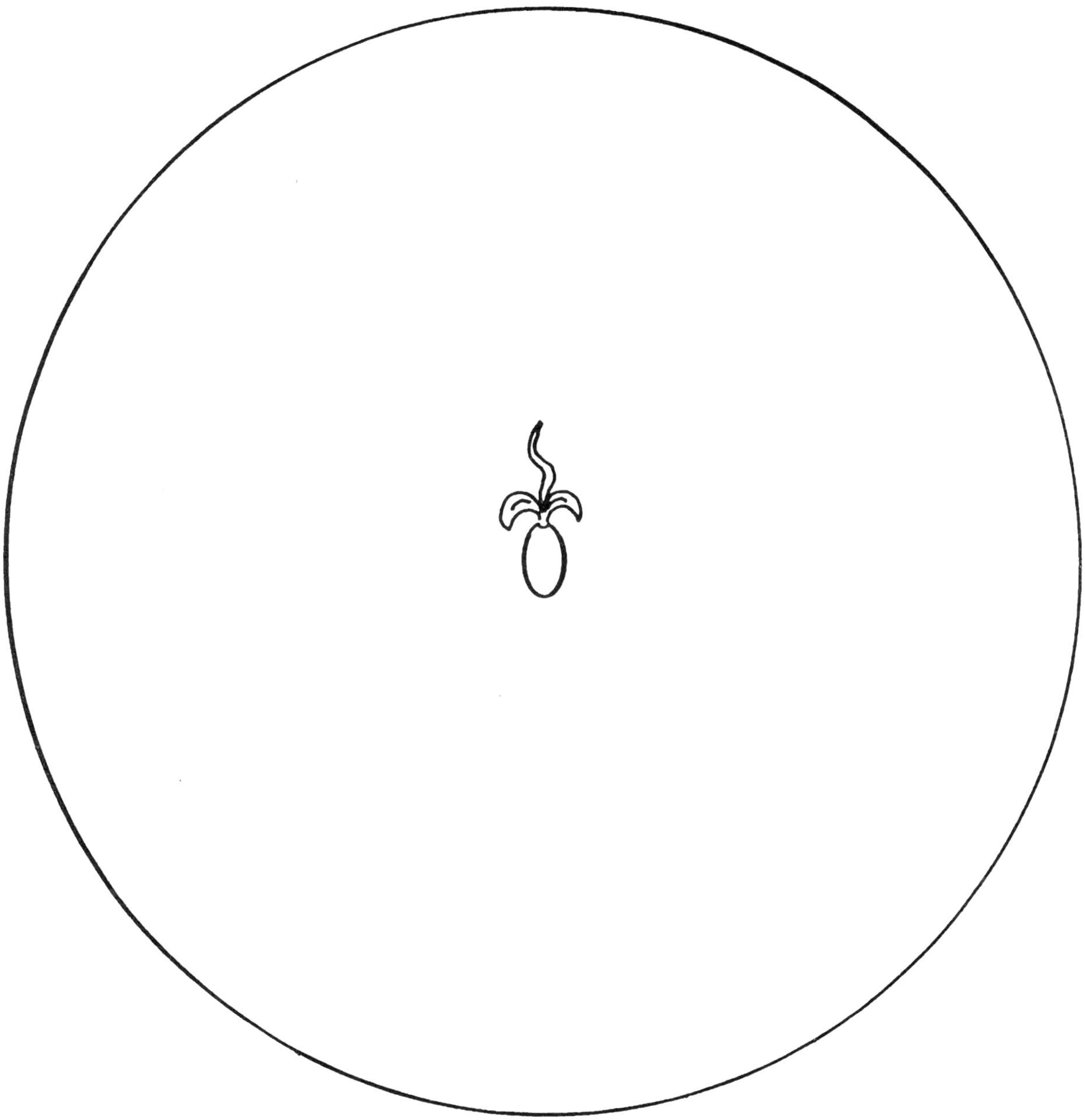

pas aux riches possibilités et à l'espérance que la vie tient à la disposition de chacun.

Affirmation
Je suis prêt pour un nouveau départ dans ma vie.

Ce qui est important, c'est d'identifier le moment opportun d'un renversement. Un changement prématuré signifie souvent que nous n'avons pas encore véritablement liquidé le passé. Fouler un nouveau terrain de manière impatiente et irréfléchie recèle le danger que celui-ci ne corresponde pas vraiment à nos besoins.

D'un autre côté, la temporisation nous conduit à manquer le coche parce que nous avons différé des décisions et des actes qui auraient dû être effectifs depuis longtemps. Par la suite, il nous faudra peut-être rattraper rapidement le temps perdu.

En méditant dans le calme, nous voulons nous mettre à l'écoute de nous-mêmes et chercher le guide intérieur qui nous indiquera le bon moment pour un nouveau départ.

Mandala

Au milieu d'un cercle encore vide, une graine, à partir de laquelle se développe une tendre plantule, me donne l'occasion de méditer en peignant sur ma situation et sur les possibilités qu'elle me réserve.

Recommandation de couleurs
Aucune.

Tandis que je remplis ce cercle de formes et de couleurs, mon futur itinéraire s'éclaircit. J'identifie de nouvelles chances, je prends conscience des voies erronées et je ne me laisse pas freiner par des angoisses ou des inerties dans mon développement ultérieur. Plus je vois distinctement le chemin devant moi, plus je veux le parcourir avec joie.

→ Faire ses adieux, Transformation.

Transformer les défaites en succès

Le plus grand succès ne consiste pas à ne jamais tomber,
mais à se relever après chaque chute.
Vince Lombardi.

Ce qui fait une défaite dépend du but que nous nous étions assigné. Lorsque le but est inaccessible, l'échec est programmé par avance.

Une attitude réaliste est également nécessaire pour réagir à une défaite déjà subie. Au lieu d'abandonner à la suite d'un échec, nous devrions procéder à une seconde tentative et nous donner la chance de considérer cette défaite comme la pierre angulaire de la réussite. Car en définitive toute faute commise est une expérience instructive importante. Tout échec peut être exploité comme pierre de construction de sa propre force.

Affirmation
Je tire les leçons de mes fautes et les transforme en force.

Beaucoup de gens redoutent tellement la défaite que, d'avance, ils mettent en scène une situation où ils ne peuvent que perdre : avant que leur partenaire ne les quitte, ils préfèrent prendre les devants et l'abandonner eux-mêmes ; avant de prendre des coups, ils préfèrent en donner. Avec une telle stratégie, il ne peut pas y avoir de gagnant.

Si, en revanche, nous abordons un échec positivement, avec confiance en nos propres capacités, la défaite se transforme en succès et ne peut nous terrasser aussi vite. Nous voulons apprendre à accepter nos défaites avec dignité et à reconnaître en elles le potentiel de succès.

Mandala

Au centre du mandala se trouve un svastika, connu sous le nom de « croix gammée ». Il s'agit d'un symbole vieux de plus de 4 000 ans, considéré comme le symbole de la chance dans de nombreuses cultures, en particulier en Orient. D'après une interprétation de l'ancienne Chine, toutefois, on distingue selon l'orientation du svastika : si la roue tourne dans le bon sens, elle symbolise les forces ordonnées et constructives ; en revanche, le sens de rotation opposé est l'expression de forces chaotiques et destructrices. Celles-ci se manifestent dans le svastika utilisé comme symbole national-socialiste.

Recommandation de couleurs
Vert, jaune.

Dans notre mandala, le sens de rotation intérieur négatif est transformé en sens positif par la torsion des extrémités de la croix gammée. La défaite initialement subie connaît un redressement dans le sens positif. Cette transformation en réussite se manifeste vers l'extérieur, comme le montre le mouvement des quatre extrémités sur le bord extérieur du mandala.

→ Confiance en soi.

Purification/catharsis

Celui qui commet de grosses erreurs
a aussi en lui un gros potentiel de purification.
Christian Morgenstern.

Les zones obscures et inconscientes, en moi, me limitent à des comportements qui ne correspondent pas à mon vrai moi.

Rigidité, rôles stéréotypés et peur compulsive de la perte de mon image déterminent ma vie. Le temps est venu d'une réorientation radicale, initiée par une purification et une clarification de mon moi intérieur. C'est seulement lorsque j'aurai vécu ce processus transformationnel que je verrai clairement ma propre réalité et que je reconnaîtrai la signification profonde de ma voie.

Je suis handicapé par la peur d'être confronté avec mes angoisses infantiles et de revivre des souffrances bien connues. Mais quand j'aurai ramené au jour ces zones inconscientes, je pourrai m'évader de ce handicap et guérir définitivement mes vieilles blessures. Plus j'ouvre à une perception consciente les zones sombres et angoissées, plus ma croissance intérieure devient forte.

Affirmation
Je me purifie intérieurement
de mes vieilles structures
et je fais rayonner
mon vrai moi.

En moi brûle un feu qui me purifie quand je revis les souffrances de blessures anciennes. Je surmonte ainsi la terreur qui émane des angoisses récurrentes. La clarté et la beauté de mon vrai moi,

débarrassé de toutes les fausses couches extérieures, m'attendent à la fin du processus de purification.

Mandala

A l'intérieur du mandala sont cachées la clarté et la beauté de mon moi. Elles se déploient sous la forme d'une tendre fleur, enrobée dans le kaléidoscope épanoui de fines structures. Celles-ci représentent les facettes cachées de ma personnalité.

Recommandation de couleurs
Violet, rouge.

Mais, avant d'en libérer les possibilités, je dois traverser un processus douloureux de clarification. Je peins de l'extérieur vers l'intérieur et, ce faisant, je dois vaincre plusieurs cercles de flammes. Chacun d'eux représente une couche de ma personne marquée par une fausse compréhension de moi et des autres. Je détruis systématiquement les exigences du jeu de rôle aliénant que j'ai assumé. Je ressens la douleur que provoque l'éradication d'aspects familiers de ma personnalité. Mais en même temps j'expérimente une légèreté et une liberté croissantes.

Quand je suis enfin parvenu dans la zone interne, je me sens peut-être épuisé mais je connais le bonheur constructif de me trouver à l'arrivée tel que je suis véritablement et tel que je veux être dorénavant.

→ Dissoudre les rigidités, Se trouver, Transformation.

Se trouver

Qui sont les mille milliers, qui sont toutes les myriades
qui habitent, et ont habité, la goutte ?
Et qui suis-je ?
Friedrich Gottlieb Klopstock.

La question de notre identité propre parcourt notre vie comme un fil rouge. A chaque phase nouvelle de notre évolution, nous sommes ramenés à nous-mêmes et confrontés à de nouveaux aspects de notre personnalité. Cette rencontre avec le moi propre peut enchanter, mais elle peut aussi engendrer confusion et angoisse. Au pire, on l'éprouve, bouleversé, comme un éclatement où l'on ne retrouve plus sa propre essence.

Pour parvenir à une compréhension renforcée de notre identité, nous avons besoin d'une saine conscience de nous-mêmes, dont fait partie la connaissance de toutes nos forces et faiblesses. Si j'accepte d'être plein de contradictions, que cohabitent en moi la clarté et l'obscurité, le beau et le laid, le bien et le mal, je puis intégrer tous les aspects.

Affirmation
Je considère mes côtés clairs et mes côtés sombres. Ils m'appartiennent et je leur souhaite la bienvenue. Je suis moi, et je m'en réjouis.

Je m'efforce de modifier en moi les côtés négatifs et d'élargir ma personnalité, mais en même temps je respecte mes zones d'ombres comme m'appartenant. Plus je reconnais d'aspects en moi, plus je suis au fait de mes capacités et de mes limites, de mes peurs et de mes désirs, et mieux je domine le plan de construction de mon moi. Je m'identifie à lui et, ainsi, je réalise mon identité.

Mandala

L'étoile à cinq branches, également connue sous le nom d' « étoile de Léonard », est le symbole de la personne solidement campée sur ses deux jambes. Les deux branches qui représentent les jambes sont particulièrement développées. Cette personne a un maintien ferme et un sens aigu de son identité. Elle étend les bras, avec force et harmonie, en un geste qui embrasse le cosmos. Je suis ici, j'y ai ma place et mon point de vue, et en même temps je ressens ma solidarité avec l'univers, dans lequel je joue un rôle petit mais irremplaçable. La branche dirigée vers le haut représente la tête ; elle établit le lien entre l'être humain mortel – enraciné dans le terrestre – que je suis et la sphère céleste de l'être divin éternel.

Recommandation de couleurs
Les couleurs de l'arc-en-ciel (à l'extérieur).

Sept anneaux concentriques entourent l'étoile intérieure. Le sept est le nombre de la découverte de soi et de la transformation. L'être humain guidé par le sept vit en harmonie avec les vieilles traditions sacrées et tourné vers le divin. L'arc-en-ciel, également symbole du lien entre les dieux et l'homme, appartient aussi au sept. En peignant les sept anneaux dans les couleurs de l'arc-en-ciel, j'éprouve ce principe sacré qui m'englobe comme une totalité dans le grand contexte cosmique.

→ Trouver son centre intérieur, Richesse intérieure.

Confiance en soi

La confiance en soi est la clé
qui ouvre presque toutes les portes.
Vieux dicton.

Une attitude de base positive envers soi-même est la condition d'une appréciation réaliste de sa propre valeur. L'acceptation raisonnable de notre personnalité, et non pas un acquiescement aveugle et narcissique, nous amène à poursuivre notre chemin avec confiance et à croire en notre réussite.

La confiance en soi est en quelque sorte la condition et le résultat de l'effort effectué pour vivre notre vérité affective intérieure. En communiquant aux autres nos sentiments et nos pensées, nous manifestons que ceux-ci sont légitimes et importants. Nous étayons ainsi notre droit à exercer une influence sur notre réalité extérieure.

Affirmation
Je connais mes faiblesses et mes forces et je sais que je puis me faire confiance.

L'honnêteté et la franchise sont des éléments importants de la confiance en soi. Sans blesser autrui, nous prenons clairement position, même si notre opinion déplaît aux autres. Si nous nous faisons confiance à nous-mêmes, nous disposons de la force d'être conséquent et de soutenir notre point de vue. En accord harmonieux avec notre vrai moi, nous pouvons nous épanouir pleinement et faire confiance à bon droit à la réussite de notre action.

En cas de problème relatif au sentiment de sa propre valeur, il est bon d'établir une liste où l'on inscrit tous les aspects positifs de sa propre personne, afin d'en prendre conscience et de méditer sur eux.

Mandala

Deux axes diagonaux partagent ce mandala en quatre, faisant de l'équilibre et de la stabilité la structure fondamentale. Une seconde croix apparaît en arrière, avec un axe horizontal et un axe vertical. L'ensemble fait apparaître un octogone régulier. Vers l'extérieur, les formes deviennent plus variées et plus physiques.

Dans cette image de la confiance que j'ai en moi-même, je puis me confronter aux aspects de ma personnalité. Je découvre mes forces et mes faiblesses. La tridimensionnalité du secteur extérieur fait apparaître les côtés obscurs de certains aspects. En peignant le mandala, je veux nommer mes côtés clairs et mes côtés sombres. En remplissant ceux-ci de couleur, je vais et je viens comme dans une pièce, et je les sonde.

Recommandation de couleur
Vert

La connaissance de toutes mes qualités et de mes côtés cachés me rend fort et me permet de dépasser mes limites. Dans le mandala, j'accomplis ce franchissement des limites aux extrémités des diagonales, qui dépassent la circonférence. En ces lieux, je sens le puissant rayonnement qui me confère ma confiance en moi et fait aussi sentir aux autres hommes qu'ils peuvent avoir confiance en moi.

→ Tracer ses limites, Se trouver, Confiance.

Sensualité

Il n'y a rien dans notre entendement qui ne serait
entré par la porte des sens.
Jakob Moleschott.

Dans la perception sensorielle, nous élargissons notre compréhension du monde et de notre moi. A côté de la compréhension rationnelle, nous plaçons les expériences riches en contenu que nous procurent nos sens : la vue, l'ouïe, le goût, l'odorat et le toucher.

La sensualité nous offre les plus hautes jouissances. L'intimité avec le partenaire, que nous partageons dans l'amour physique, est en même temps l'expression d'une union spirituelle.

A travers l'énergie sexuelle, nous nous expérimentons comme être instinctuel, passionnel et pulsionnel. Dans notre culture, les forces dites « animales » sont combattues en l'homme. Elles sont pourtant la condition de la pérennité de la vie, et leur répression conduit à la frustration et à l'agressivité.

Nous devons réaliser que l'aspiration de l'être humain à l'union, à la fusion avec un autre être – et finalement l'éternelle nostalgie du dépassement de la dualité -- est à la base de l'énergie sexuelle. Dans le vécu total de la sensualité gît un potentiel élevé de transformation. Dans l'union sexuelle avec mon partenaire, je puis dépasser la condition d'être isolé et transformer celle-ci en amour universel.

Affirmation
J'accepte les besoins de mes sens et, de tout cœur, je jouis de les satisfaire.

Mandala

Dans ce mandala, je me laisse complètement guider par la symbolique des formes : celle du cœur, celle de la mandorle, constituée par des langues de feu, et celle des cercles réunis.

Le cœur constitue le cadre extérieur ; dans pratiquement toutes les cultures, il est le signe éminent des émotions, de l'amour, de la joie et de la félicité. Ma sensualité correspond aux nuances positives de mes sentiments et peut donc être pertinemment représentée par la forme d'un cœur.

Recommandation de couleur
Rouge.

De la pointe inférieure s'élèvent les langues de flamme de l'énergie de la Kundalini, qui nourrissent ma sensualité. Une mandorle se développe à partir d'elles. Elle représente la forme vers laquelle converge ma sensualité, qui la remplit. La mandorle est occasionnellement associée au vagin, à l'utérus ou au clitoris, dont je m'inspire en peignant.

Deux cercles se recoupent au centre, constituant de nouveau une mandorle. Ils représentent l'aspect de la sensualité accomplie dans l'union sexuelle.

→ Trouver la plénitude, Relation heureuse.

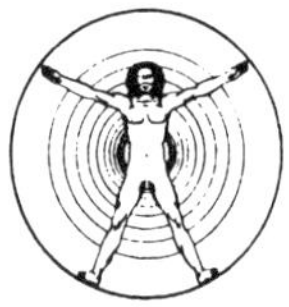

Transformation

... le pire ennemi que tu puisses rencontrer,
ce sera toujours toi-même...
Et c'est près de toi-même que passe ton chemin,
et près de tes sept démons !
... Tu dois vouloir te brûler dans ta propre flamme :
comment voudrais-tu devenir nouveau si, d'abord,
tu n'es pas devenu cendre ?
Friedrich Nietzsche, Ainsi parlait Zarathoustra.

Les expériences personnelles profondes comme la mort et la séparation conduisent fréquemment à un tournant dans notre vie, préparant un processus alchimique de transformation. Les bouleversements font vaciller en nous les structures comportementales et relationnelles rigides inconscientes et les font éclater. Ce qui est ancien se termine et fait place au nouveau.

Affirmation
Je salue la vague du changement qui m'emporte, me purifie et me prépare à de nouvelles et profondes expériences.

Le processus de mutation développe sa propre dynamique, à laquelle nous nous abandonnons avec confiance. Quand nous sommes prêts et ouverts à la transformation intérieure, nous vivons celle-ci comme une grande chance, une libération des charges anciennes et l'accomplissement profond du bonheur. Nous acquérons une nouvelle dimension de liberté : les énergies ne sont plus consommées dans les petits ennuis quotidiens et les jeux de rôle malhonnêtes, mais converties en créativité.

Dans la vie de couple également, la transformation est l'expression d'un abandon de structures relationnelles périmées , qui ne

peuvent plus nourrir l'amour. Des explications avec le partenaire peuvent être douloureuses, elles peuvent conduire à la fin de la relation ou contenir le germe d'un redémarrage honnête.

Mandala

Le papillon est un vieux symbole du changement, de la mort et de la résurrection. Le mot grec originel dont dérive notre mot psyché est traduit aussi bien par « âme » que par « papillon ».

La larve fait éclater son cocon gris et rigide, dont s'échappe un papillon aux couleurs étonnamment joyeuses. On peut ainsi interpréter le papillon comme l'aptitude de l'âme à se renouveler constamment.

Recommandation de couleurs
Rouge, jaune, violet.

Je nantis mon papillon des plus magnifiques couleurs. Il est mon moi chatoyant et renouvelé, qui se montre dans un merveilleux habit, répandant joie et félicité.

Lorsque le papillon de mon mandala exprime la relation transformée de mon couple, j'imagine que ses ailes symbolisent notre dualité. Elles se reflètent l'une dans l'autre et constituent un tout cohérent.

→ Dissoudre les rigidités, Accepter les changements.

Traiter la tristesse

La tristesse est le lot des âmes profondes
et des fortes intelligences.
Alexandre Vinet.

La tristesse appartient à la vie tout comme la joie, le chagrin tout autant que le bonheur. Nous éprouvons de la tristesse à la suite d'un départ, de quelque chose qui a pris fin de façon définitive et irrévocable. La perte d'un être aimé nous atteint fortement. La mort des parents fait un grand trou dans notre vie, nous laisse privés de la protection paternelle, de l'amour et de l'attention maternelles. La rupture définitive avec le partenaire aimé nous inflige le sentiment d'une solitude existentielle ; la mort d'un enfant nous précipite dans un désespoir sans fond.

Une autre tristesse nous saisit quand on nous coupe une branche importante de notre moi, quand on nous vole une possibilité ou que nous avons laissé passer une chance. Nous nous attristons sur notre enfant intérieur torturé, l'enfant que nous avons été jadis, plein de joie, de confiance et d'assurance. Au fil du temps, il a enduré tant de déceptions et de coups que, apeuré et résigné, il s'est recroquevillé pour laisser la place à un mécanisme plus ou moins fonctionnel. Nous nous attristons sur les restes pitoyables d'un moi jadis rayonnant, sur notre richesse intérieure perdue.

Affirmation
J'éprouve une profonde tristesse et je pleurs. Ce faisant, je sens que mes larmes entraînent une partie de ma douleur.

Traiter la tristesse – la tristesse causée par la perte d'un être cher ou par celle de l'enfant intérieur – suppose la patience et un long processus douloureux.

En nous abandonnant à notre tristesse, en cessant de fuir la douleur, en revivant au contraire chaque déception passée, nous effectuons un travail de deuil et parcourons une étape sur la voie de notre guérison.

Mandala

Le mandala de la tristesse est caractérisé par une couronne, que l'on peut interpréter comme une couronne mortuaire. Il a pour base la circonférence, que l'on peut décrire et redécrire sans cesse. A chaque tour, on revit sa tristesse ; mais, en même temps, celle-ci se modifie peu à peu et perd de son intensité.

Recommandation de couleurs
Vert, bleu, violet.

Je commence mon travail de deuil dans le centre vide du mandala, où la douleur est la plus vive et me terrasse. Je m'éloigne du centre en suivant une spirale.

Les deux cercles intérieurs sont bordés de feuilles stylisées. Je peins soigneusement chaque feuille, d'abord dans le cercle intérieur, puis dans le cercle extérieur. Je traite ainsi ma tristesse, d'abord grande et brûlante, mais dont l'intensité torturante diminue lentement.

→ Faire ses adieux, Guérir les vieilles blessures.

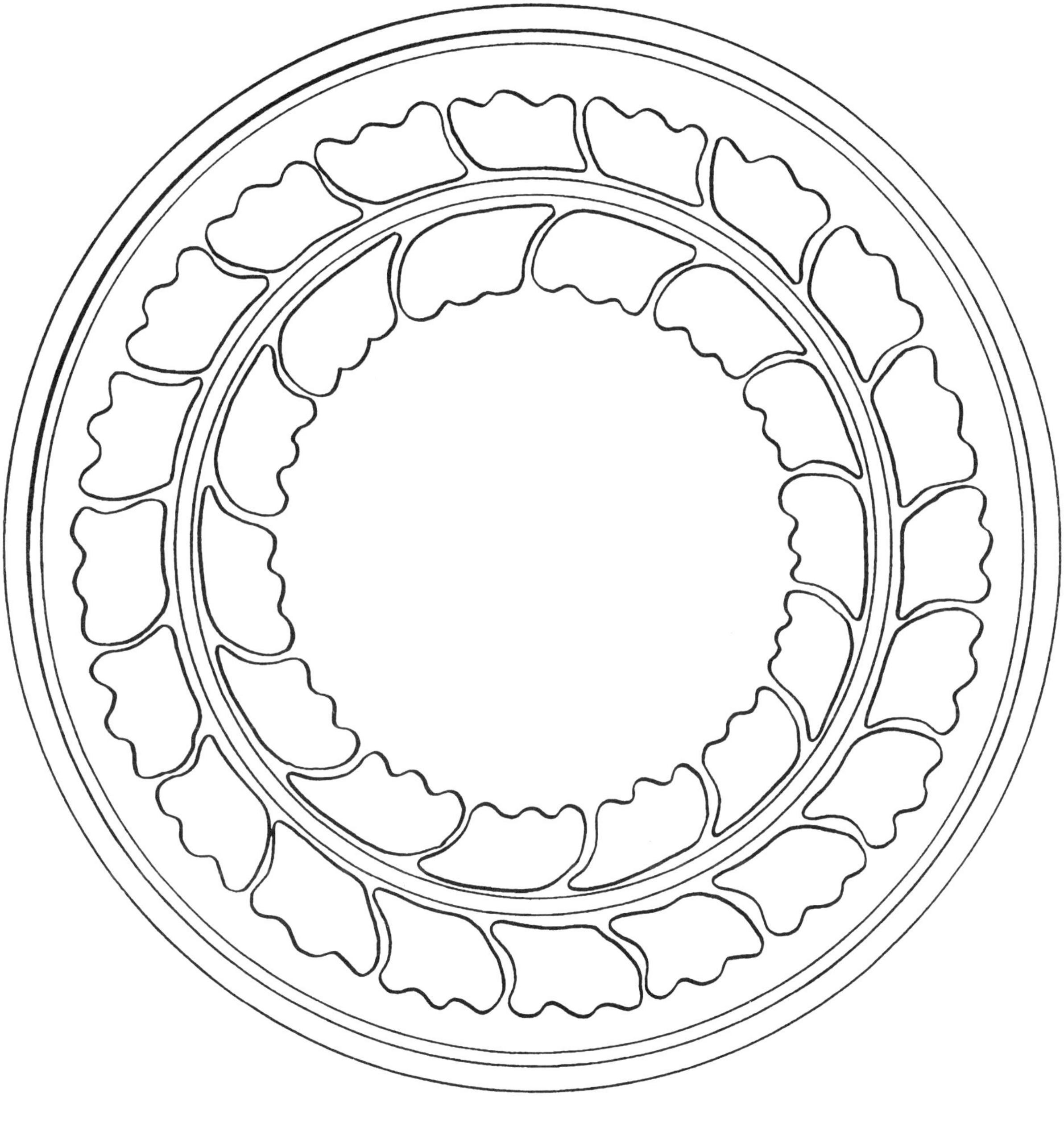

Surmonter perturbations et inquiétudes

Sur les eaux de ton âme
plane constamment un oiseau sombre.
L'inquiétude.
Christian Morgenstern.

Il y a des jours où nous nous sentons mal et nerveux sans savoir pourquoi. Une inquiétude torturante nous ronge, nous remplit d'angoisses vagues et diffuses et nous empêche de nous réjouir, même quand la situation extérieure est harmonieuse et paisible.

C'est justement par un beau jour de vacances, où toutes les conditions sont réunies pour que nous jouissions du soleil, du bonheur et d'une belle humeur, que cette perturbation nous saisit et que nous nous sentons particulièrement malheureux. Nous avons l'impression d'être fou et à côté de nos chaussures.

Affirmation
En m'acceptant dans ma totalité, dont font partie la force et la faiblesse, je trouve le calme et la paix intérieure.

Peut-être cette inquiétude éclate-t-elle précisément quand nous essayons de refouler violemment les côtés obscurs, faibles et confus de notre moi. Tous les domaines de notre vie impliquent des aspects opposés et complémentaires. Nous ne sommes pas seulement forts et conscients de notre propre valeur, mais aussi faibles et incertains. Parfois, nous n'oublions que trop volontiers nos zones d'ombre, les tenons pour abolies dans l'euphorie d'un succès. Elles demandent alors la parole, doucement mais fermement : « Nous sommes encore là. Tu dois t'occuper de nous. »

Nous n'expérimentons durablement la paix, la totalité et le calme que quand nous acceptons toutes les parties qui nous constituent. En acceptant nos zones d'ombre aussi complètement que nos côtés lumineux, nous nous insérons dans une totalité où chaque partie a sa place et où aucune ne peut évincer les autres.

Mandala

Le mandala est rempli d'une structure confuse, qui repose pourtant sur un certain ordre. Mais cet ordre a perdu l'équilibre. Les connexions qui maintiennent la structure ordonnée ont légèrement dérapé, de sorte que celle-ci donne l'impression de vouloir se dissoudre.

La roue est identifiable comme forme de base. Elle est le symbole du dynamisme ordonné, du cosmos et de son évolution cyclique. Je la reconnais comme la forme symbolique qui est à la base de mon moi.

Recommandation de couleurs
Vert, violet.

En peignant les diverses facettes, qui ont dérapé, je traque l'ordre, qui a sombré dans le désordre, et je le restaure progressivement.

Plus j'avance vers l'extérieur, plus la stabilité de la structure se renforce.

Je recouvre peu à peu mon calme et mon équilibre originels après avoir identifié quels aspects de mon moi j'ai négligés et refoulés.

→ Mettre de l'ordre dans le chaos, Trouver son centre intérieur.

Vivre à fond ses sentiments réprimés

Nous nous flattons bien volontiers
d'être le maître dans notre propre maison.
En réalité, et c'est inquiétant, nous en sommes réduits
à ce que notre subconscient fonctionne correctement de lui-même
et, le cas échéant, ne nous laisse pas tomber.
C.G. Jung.

La répression des sentiments consomme nos forces, nos nerfs et notre santé. Nous avons été éduqués depuis la plus tendre enfance à garder pour nous nos sentiments, surtout les sentiments agressifs. Nous n'avons donc pas appris à exprimer nos impressions de façon appropriée. Au lieu de cela, nous les retenons jusqu'à ce que la pression en nous soit devenue trop forte et que, à l'occasion d'une peccadille, nous laissions éclater notre rage, notre tristesse, notre amertume ou notre désespoir. De telles explosions nous laissent atterrés, nous et notre entourage. Elles conduisent à tout sauf à une meilleure entente -- ce qui devrait être le but de l'échange des sentiments --, entraînant désunion et éloignement.

Je veux apprendre à montrer à mon partenaire, sans la peur de perdre son amour, quand je suis très en colère. En constatant que l'expression de moi-même n'est pas dangereuse, je puis gérer mes agressions de façon créative. Je les manifeste sans peur de la destruction et je pense qu'elles en apprendront davantage à mon partenaire sur mes sentiments, mes forces et mes faiblesses

Affirmation
En libérant mes pulsions agressives, je connais l'approfondissement et la liberté dans ma relation.

et conduiront à une compréhension plus profonde dans notre relation.

Mandala

Au milieu du mandala se trouve une boule contenant des fleurs repliées sur elles-mêmes. On voit nettement que les fleurs sont contraintes par la violence : leurs corolles sont renversées en forme de cloche.

Cette boule est enrobée par une structure qui a aussi quelque chose de réticent, d'inhibant ; de fins canaux, conduisant de l'intérieur vers l'extérieur, sont bouchés à leur sortie. Mes structures internes empêchent expressément que ce qui est à l'intérieur ne soit porté dehors.

Recommandation de couleurs
Rouge, violet, blanc et autres couleurs.

Je peins d'abord la boule, puis son rempart et je ressens de plus en plus la pression des forces centrifuges. Finalement, cette pression est si insupportable que je lui cède, que j'enfonce les barrières et fais sauter les limites. Dans les flammes incontrôlées, je laisse sortir tous mes sentiments retenus et accumulés.

Cet écoulement me procure une profonde libération et satisfaction. A chaque flamme que je peins, je ressens une mobilité croissante.

→ Libération, Tracer ses limites.

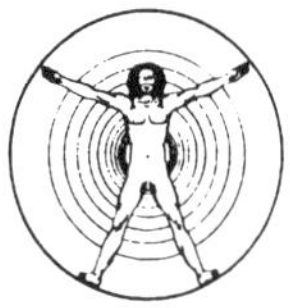

Accepter les changements

Il importe de changer
sa propre conscience, et non pas les événements extérieurs.
Proverbe tibétain.

Les changements suscitent de l'angoisse : nous ne savons pas ce qui va remplacer le connu et nous subissons une perte de contrôle passagère.

Affirmation
J'interprète les changements comme une chance de croissance personnelle.

Le changement signifie toujours la mort de l'ancien. Nous redoutons la mort comme notre pire ennemie. Nous nous cabrons contre elle, ne voulons pas admettre son caractère inéluctable. Pourtant, nous acceptons beaucoup plus facilement la séparation, les adieux et le changement lorsque nous entrons dans leurs aspects douloureux et angoissants, lorsque nous les vivons jusqu'au bout. Seule notre ouverture aux émotions assure guérison, croissance et force. Seule l'acceptation de l'inévitable aplanit le chemin de notre vérité intérieure, le chemin d'un changement librement et intensément vécu.

Les changements surviennent sous une forme plus ou moins impressionnante. La séparation et la mort sont des changements extrêmes, auxquels nous sommes irrémédiablement confrontés. D'autres personnes peuvent aussi occasionner le changement en nous. L'amour que nous éprouvons pour notre partenaire provoque constamment en nous des changements positifs, dont nous sommes reconnaissants.

Mandala

La forme qui garantit la plus grande ouverture aux changements est la mandorle, cette aura en forme d'amande, remplie de couleurs, telle qu'elle apparaît aussi, dans l'art religieux de l'Occident, sous la forme d'une auréole entourant le corps tout entier. Elle constitue le cadre du mandala du changement. Celui-ci est rempli de modèles spiralés reliés entre eux. De chaque spirale, un chemin conduit à la suivante : le processus du changement ne s'accomplit pas par bonds, mais par transitions progressives.

La spirale est un symbole tantrique de la force vitale. Les mouvements spiraux libèrent les énergies créatives et curatives des couches les plus profondes de ma psyché. La spirale décrit également toujours une transformation liée à une réorientation.

Recommandation de couleurs
Jaune et autres couleurs.

Tandis que j'évolue à partir de la spirale, m'insérant par des cercles lents dans une nouvelle spirale, ma conscience se restructure. Dans le changement, je connais toujours un élargissement de mes expériences et de ma conscience.

Le processus de mutation éternelle conduit à une riche plénitude : mon mandala montre cette plénitude par une abondance de spirales et d'autres modèles. En particulier, les fins pétales renvoient au renouvellement permanent de ma vie et à mon développement personnel.

→ Transformation.

Confiance

Il est certain
qu'une seule heure de communication intime
rapproche davantage deux étrangers
que des années de fréquentation ordinaire.
Friedrich von Bodenstedt.

La confiance vient de l'intérieur. Quand j'ai confiance en moi-même, je suis en mesure de faire confiance à autrui

Faire confiance, c'est s'ouvrir au partenaire, lui communiquer ses sentiments et pensées les plus intimes – sans craindre la trahison ou l'abus.

La confiance mutuelle implique un lâcher prise complet. Dans une relation confiante, aucun n'a besoin de contrôler l'autre, aucun n'a besoin de se couvrir contre un risque.

Affirmation
Je m'ouvre avec confiance à mon partenaire et je vis une profonde affection.

Quand on a la certitude intime que l'on peut se montrer franchement et librement à son partenaire, cette confiance, qui ne pose aucune condition, se communique à l'autre et reçoit une réponse. Dans cette alternance du donner et du prendre, on ne peut rien perdre : on ne peut qu'y gagner une relation qui augmente en profondeur et en potentiel de bonheur.

Mandala

Deux fleurs se penchent l'une vers l'autre avec confiance. Elles reflètent la franchise avec laquelle se rencontrent deux êtres humains qui se font confiance. Leurs trois pétales symbolisent le dépassement des tensions duales qui règnent dans un couple grâce à la naissance de quelque chose de nouveau. Tandis que les deux pétales latéraux, plus petits, représentent l'antagonisme entre le je et le tu, le pétale du milieu, plus grand, dissout les tensions existant entre eux.

Recommandation de couleurs
Rose, bleu.

A la base des deux fleurs supérieures se trouve une fleur à cinq pétales. La signification symbolique de l'amour, celle de la vie naissante et celle de l'aspiration à la réalisation de mes objectifs et de mes rêves se trouvent reliées et doublées grâce à sa forme et au nombre cinq.

Ma confiance est quelque chose de réel, qui se fonde sur quelque chose de réel, mais je suis conscient que cette tendre plante doit être soignée et nourrie afin qu'elle ne se dessèche pas, afin que ma confiance ne se transforme pas en quelque chose d'utopique qui me ferait chuter.

L'épanouissement prometteur de la fleur est renforcé par les huit pétales de lotus. Ils symbolisent traditionnellement la fécondité et le pur effort, que j'interprète ici comme l'effort vers une croissance constante de la confiance.

→ Confiance en soi, Relation heureuse.

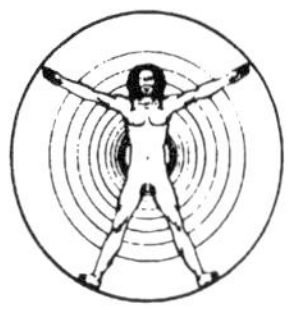

Admettre ses désirs

Une pléthore de désirs conduit à la mendicité.
Proverbe tibétain.

Du fait d'une éducation répressive, nous considérons que la manifestation de notre volonté est malséante. Nous avons appris précocement, au niveau même du langage, à remplacer le « je veux » par une formule édulcorée. On sait que la langue détermine la pensée ; ainsi, nous nous sommes donné à nous-mêmes l'interdiction d'admettre sans prévention nos désirs.

Plus tard, nous avons rationalisé l'ajournement de nos désirs, le considérant comme un signe de modestie et de dépassement de l'égoïsme.

Affirmation
J'exprime mes désirs. Ils m'appartiennent, et j'ai le droit de les réaliser.

Certes, il n'est pas bon de céder sans retenue à toutes ses impulsions, sans distinguer entre l'important et l'accessoire. Quand nous faisons dépendre notre bien-être de la réalisation de tous nos désirs, nous ne connaissons qu'un enrichissement extérieur ; mais, intérieurement, nous nous appauvrissons de devoir constamment satisfaire notre fringale. Laxisme et insatisfaction en sont la conséquence.

Mais c'est une autre chose que de ne pas m'autoriser à exprimer mes désirs et de m'interdire toute prétention à les réaliser. Je me réduis ainsi moi-même et je me restreins dans l'un de mes droits

les plus fondamentaux : me prendre au sérieux, moi et mes besoins.

Mandala

Au milieu du mandala brille un soleil qui rayonne vigoureusement son énergie. Des papillons s'en échappent, qui sont l'expression de mes désirs. Ils prennent leur essor et manifestent leur beauté aux magnifiques couleurs.

Recommandation de couleurs
Fiez-vous complètement à votre intuition.

L'énergie solaire de ma source intérieure fait prendre forme à mes désirs et conduit à leur réalisation. En colorant chaque aile de papillon, je nomme le désir qu'elle représente. Chaque désir est plus beau et plus prometteur que l'autre. La fierté me saisit à la vue des désirs imaginatifs que j'ai mis au jour en les tirant des profondeurs de mon moi.

La couronne de fleurs extérieure, à plusieurs couches, approfondit la beauté de mon mandala des désirs et témoigne, au plan symbolique, que mes désirs sont inséparables de moi-même. En leur conférant de la vigueur, je soutiens le développement de ma personnalité et je l'aide à accéder à sa totalité.

→ Vivre à fond ses sentiments réprimés.

Tendresse

J'irradie ma chaleur, et je la retrouve chez les autres.
Anaïs Nin.

La tendresse est l'un des plus beaux moyens pour exprimer et renforcer notre amour envers les autres. Elle peut prendre différentes formes, s'exprimer par des gestes aimables, de tendres attouchements, un regard profond ou des témoignages de sympathie empreints de sensibilité et de compréhension.

La tendresse n'est pas limitée à une forme unique d'amour ; elle trouve sa voie dans tous les domaines de la vie en commun. Nous sommes tendres même envers les animaux, quand nous les caressons, leur parlons et les soignons avec amour.

La tendresse suscite la tendresse. Si je suis tendre envers mon partenaire, sa réaction sera également tendre.

Nous devrions veiller à ce que la tendresse figure en bonne place dans notre relation amoureuse. En gâtant notre partenaire par une attention régulière, en lui communiquant nos tendres sentiments par des caresses sensuelles, en lui montrant par de menus cadeaux combien il est pour nous important et précieux, nous tissons dans notre relation un réseau qui peut résister aussi aux périodes de crise.

Affirmation
Je montre à mon partenaire toute la tendresse que j'éprouve pour lui. La gratitude me remplit pour la tendresse qui m'est témoignée.

Mandala

La délicatesse marque l'intérieur du mandala, où s'est formé un modèle filigrané. De doux nœuds représentent chaque acte de tendresse accompli entre moi et mon partenaire. Ils sont reliés entre eux, chaque témoignage de tendresse conduisant à un autre. Finalement, la tendresse mutuelle a créé dans notre relation un réseau fin, mais puissant et dense, qui ne peut pas se déchirer facilement.

Recommandation de couleurs
Bleu, rose et autres couleurs.

En peignant les différentes cases entre les fils de la tendresse, je me représente chaque témoignage de tendresse qui a agi en cette partie du réseau. Je me rappelle les bons moments et je suis rempli de bonheur et de chaleur.

La série extérieure de flammes délicates est l'expression de la sensualité et de la passion, mais aussi d'un puissant rayonnement qui suscite une nouvelle tendresse dans notre relation et fait de nous un couple harmonieux.

→ Relation heureuse, Sensualité.

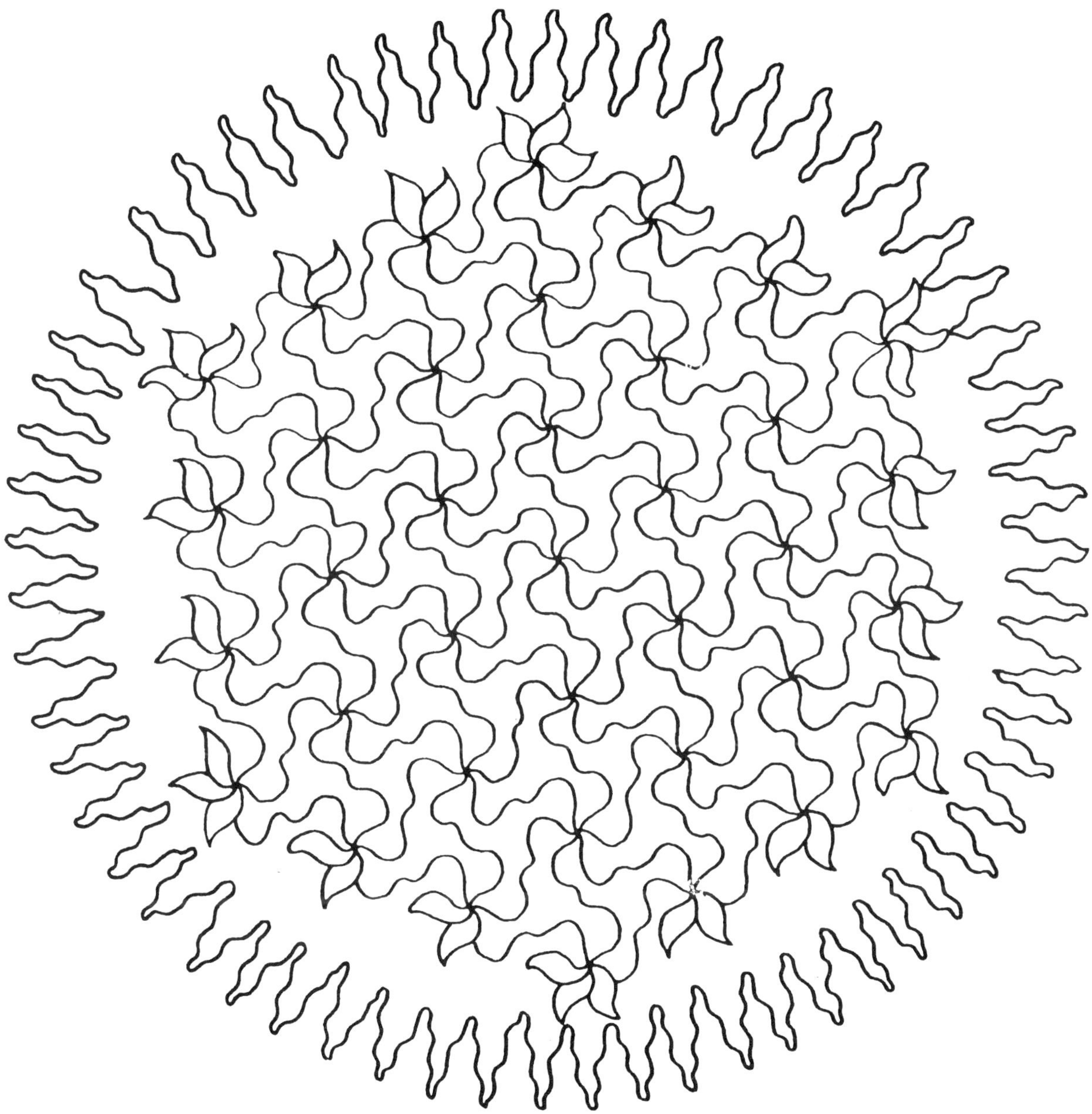

Contentement

Etre content de sa situation,
voilà la plus grande et la plus sûre richesse.
Cicéron.

Le contentement est, dans notre usage linguistique, un concept souvent connoté négativement et qu'on relie au confort, à la satiété, à la façon dont on s'est douillettement installé dans sa petite vie. Au sens premier du mot, cependant, contentement désigne un état positif détendu, dans lequel l'homme est au clair avec lui-même. Si nous pensons à son contraire, à une personne insatisfaite, agitée, constamment grincheuse, il apparaît que le contentement inclut aussi la modestie.

Affirmation
Je poursuis ce qui, dans ma vie, m'aide à trouver paix et contentement.

Chacun obtient le contentement à sa façon, que ce soit par la reconnaissance sociale ou par des enfants en bonne santé, l'accomplissement familial ou professionnel, un travail manuel réussi ou une lettre bien tournée. Toute forme de contentement est caractérisée par le fait qu'on a la paix de l'esprit, qu'on est en accord avec ses propres désirs et qu'on vit en harmonie avec l'environnement.

Je m'accorde de m'abandonner complètement au sentiment de contentement car j'ai le droit, au cours des nombreuses heures agitées de ma vie quotidienne, de me retirer dans un espace de tranquillité où l'on n'exige rien de moi.

Mandala

Recommandation de couleurs
Vert et autres couleurs.

Le mandala du contentement est caractérisé par une étoile à six branches, enveloppée d'une structure ondulée harmonieuse.

L'étoile est l'expression d'un sentiment positif de son identité et de sa propre valeur. En la peignant, je m'imprègne de ses qualités positives. A chaque nouvelle branche, j'éprouve avec intensité que je suis en paix avec moi-même et avec la vie.

Chaque branche est partagée par un trait longitudinal, ce qui la fait apparaître tridimensionnelle. Sous cette forme plastique, l'étoile peut facilement être associée à une fleur, qui représente la beauté et les sentiments aimables. En même temps, le motif floral apparaît dans la bordure extérieure, achevant par une image positive le mandala de mon contentement.

Symboliquement, le nombre six – étoile à six branches ou fleur à six pétales – joue un rôle important. Il surgit souvent à l'issue d'une période de création et est donc considéré comme le nombre de la plénitude et du contentement, de la paix et de la fierté de la tâche accomplie.

→ Paix.

Ecarter les doutes

Le doute est le début de la sagesse.
Descartes.

Les doutes détruisent notre assurance et notre clarté intérieure. Nous perdons de vue nos objectifs et notre voie lorsque le doute nous ronge. Quand nous doutons de notre pouvoir de décision, de nos capacités ou de nos motivations, nous sommes paralysés et résignés. Les attentes négatives se réalisent parce que nous œuvrons inconsciemment à leur réalisation.

Affirmation
J'accepte mon doute, je l'élucide et je trouve ainsi ma vérité intérieure.

Pour ne pas souffrir plus longtemps du déchirement intérieur et redevenir performant, je veux d'abord examiner mes doutes de façon critique et découvrir leurs causes. Résistent-ils à un examen réaliste ? Si c'est le cas, je devrais essayer de modifier mon comportement en conséquence et de mettre au clair mes désirs et mes projets. Mais il est plus vraisemblable que mes doutes n'ont aucune base réaliste, renvoyant à une phase de stagnation dans mon évolution, dans laquelle j'ai perdu le contact avec ma vérité intérieure. Ma tâche consiste à me retrouver, à rétablir mon ancienne confiance en moi et en mon environnement. Alors, tous les doutes que j'ai nourris -- envers moi ou envers l'affection des autres – se dissipent.

Mandala

Recommandation de couleurs
Vert et autres couleurs.

Dans la zone extérieure du mandala se trouvent deux cercles de flammes disposés en sens contraire. Ils représentent le processus alternatif par lequel je suis déchiré entre des pensées et des croyances contraires.

C'est là que je commence à peindre. En peignant la zone de flammes extérieure, j'assume totalement l'une des façons de penser, je passe en revue tous ses arguments et motifs. Puis je me tourne vers l'autre zone, où les flammes sont orientées dans le sens opposé. Je m'identifie maintenant à l'autre point de vue et à l'argumentation correspondante.

Ayant ainsi accompli pas à pas la thèse et l'antithèse, je parviens dans un espace circulaire libre. Dans ce vide, j'essaie de clarifier mon propre point de vue. Je choisis inconsciemment la couleur qui doit remplir cet espace, trouvant ainsi la solution qui est valable pour moi.

Je peins maintenant le cercle de flammes qui se trouve au centre du mandala, abolissant les différentes directions et opérant la synthèse des flammes orientées à droite et de celles orientées à gauche. Ma pensée, préalablement marquée par le doute, s'est finalement clarifiée.

→ Confiance en soi, Confiance.

Votre propre mandala

Tout un monde est caché
dans les profondeurs de ton moi.
Proverbe indien.

Pour parfaire le choix de mandalas présenté ici, je voudrais vous donner la possibilité de faire naître votre propre mandala, où ni les couleurs ni les formes ne sont données d'avance.

Vous êtes maintenant familiarisé avec les formes les plus diverses. Vous avez appris leurs effets et leur force symbolique et vous savez quelle couleur et quelle combinaison de couleurs exercent sur vous quels effets.

Abandonnez-vous maintenant totalement à votre intuition. Mettez-vous à l'écoute de vous-même, découvrez quelle est votre humeur fondamentale actuelle – mais sans trop analyser. Votre subconscient guide votre main, vous n'avez pas besoin de penser, laissez-le conduire.

Les chapitres suivants sur la signification des couleurs et des formes pourront ensuite vous donner des indications sur les éléments qui sont peut-être cachés dans votre mandala.

Annexes

Aperçu sur la signification des couleurs

Nous avons rassemblé ci-dessous les principales significations symboliques et archétypales des couleurs. Nous n'avons pas besoin d'entrer ici dans le détail des particularités et des différences culturelles, car celles-ci n'ont pas d'importance pour la peinture individuelle des mandalas. Au lieu de cela, je me suis concentré sur les interprétations qui prédominent dans la culture occidentale. Naturellement, les couleurs ont toujours aussi une note individuelle, qui peut s'écarter des significations traditionnelles. Vous pouvez être sûr d'une chose : plus vous peindrez souvent de mandalas, plus vous développerez de sensibilité pour reconnaître et traduire les impulsions venant de votre subconscient. Vous concevrez tout naturellement un sens de ce qui est en adéquation avec votre propre intérieur, et de ce qui ne l'est pas. La connaissance des symboles traditionnels, dans l'auto-analyse, n'est ni plus ni moins qu'un auxiliaire judicieux dans le processus permanent de la connaissance de soi.

Le rouge du sang

L'effet de cette couleur est tout aussi unique que sa nature. Elle donne une impression de sérieux et de dignité tout autant que de grâce.
J.W. von Goethe.

Le rouge est une couleur ambivalente qui, d'un côté, caractérise la force vitale, la passion, l'énergie, l'éros, le sang mais aussi, de l'autre, la haine, la colère, la rage sauvage, la vengeance et la mort. Le rouge est la couleur la plus chaude, ayant les vibrations les plus puissantes. Il excite, stimule et exerce une action expansive.

Depuis les temps les plus anciens, le rouge est considéré comme le symbole des efforts faits pour conserver et renouveler la vie, pour renforcer les énergies vitales. Dans le sacrifice sanglant, une vie nouvelle doit naître du sang qui s'écoule de la victime. Le passage de la mort à la vie est également représenté par l'écoulement du sang pendant le processus de la naissance. Il n'est pas nécessaire que cela s'effectue de facto, mais peut aussi s'accomplir symboliquement, dans un rituel. Le sacrifice sanglant sans doute le plus connu, dans la chrétienté, est la mort expiatoire du Christ, dont le fidèle boit symboliquement le sang, aujourd'hui encore, sous l'aspect du vin.

Un autre aspect du rouge est le feu. Nous retrouvons ici encore des interprétations contradictoires. Le feu apporte la destruction, mais il en ressort toujours quelque chose de neuf, de purifié. Les alchimistes du Moyen Age, dont le but était de transformer en or des métaux communs, se sont particulièrement attachés à cet aspect. Ils considéraient le rouge comme le signe d'un processus de transformation chimique réussi. Dans le bouddhisme tibétain, le rouge renvoie aussi à la transformation, mais rapportée ici au domaine du psychisme et de l'âme. Le feu est une barrière de flammes sur le chemin du savoir, que l'homme ignorant doit franchir. S'il réussit cette démarche, le feu dissipe « les ténèbres de l'erreur et [conduit] à la prise de conscience que nous cherchons » (*). Le feu est donc ici une métaphore du processus douloureux qui doit être enduré sur la

(*) Giuseppe Tucci, *Geheimnis des Mandala. Der asiatische Weg zur Meditation.* Düsseldorf 1989, p. 44.

voie de l'illumination. C.G. Jung aussi interprète le processus alchimique comme une image de la transformation psychique sur la voie de la totalité, et la couleur rouge employée dans le mandala comme l'expression du côté affectif de ses patients (*).

Le rouge est privilégié par les personnes extraverties comme signe de leur franchise, de leur énergie et de leur activité. A l'inverse, cependant, il est également possible qu'une personne introvertie se décide en faveur du rouge parce que les impulsions qui émanent de cette couleur lui manquent et qu'elle veut, grâce à elles, enrichir son affectivité. Le rouge revitalise à différents niveaux : au niveau physique, il aide à dynamiser une circulation sanguine paresseuse, à lutter contre l'asthénie et l'épuisement et à stimuler sexuellement ; au niveau psychique et sur le plan de l'humeur, le rouge renforce le sens de la réalité ainsi que le courage et la faculté d'enthousiasme. Qui désire augmenter sa capacité cognitive et la rapidité des synapses de son cerveau, qui veut se mettre en situation de prononcer des discours enflammés choisit intuitivement le rouge.

D'un point de vue psychologique, le rouge est fréquemment considéré comme le médiateur indispensable entre les pôles de l'amour et de l'agressivité. On part alors du principe que l'agressivité est une étape indispensable avant de développer une véritable capacité d'amour.

C'est vous qui devrez décider quelle signification la couleur rouge a dans votre mandala, si elle est l'expression de vitalité ou de destruction. Laissez agir le mandala sur vous pour comprendre ce qu'il vous dit. Le couplage de la couleur et de la forme peut aussi jouer un rôle.

Eu égard au puissant effet de cette couleur, trop de rouge dans votre mandala est inquiétant. Pour comprendre l'énorme puissance qui l'habite, il faut savoir qu'une pièce totalement peinte

(*) Voir Fincher, *Mandala-Malen.* Brunswick 1994, p. 73.

en rouge provoque au bout de quinze minutes, chez la personne qui s'y tient, vertige et nausée.

Trop peu de rouge, à la longue, est l'expression d'une trop grande passivité et d'un manque de volonté de s'affirmer.

Le vert de la nature

Si, par suite de l'âge ou d'une maladie, la teneur des yeux en sang et en eau est diminuée, la personne doit aller dans une verte prairie et s'abîmer dans sa contemplation jusqu'à ce que ses yeux soient humides comme si elle pleurait. Le vert des prés ôte l'aspect terne des yeux et leur rend toute leur clarté.
Hildegarde de Bingen.

Le vert est la couleur de la nature. Il exerce un effet équilibrant et tranquillisant. Hildegarde de Bingen connaissait déjà la force curative qui habite cette couleur. La force du vert, la viridité, était à la base de la médecine de cette célèbre thérapeute du Moyen Age. Elle pensait que la force curative de Dieu résidait dans le vert. En fait, le vert a une action antiseptique et dépurative qui calme les processus inflammatoires et les états fiévreux. Ce que dit Hildegarde de Bingen du renforcement du pourpre rétinien au moyen de la couleur verte est conforme aux connaissances thérapeutiques actuelles. Le vert de la chlorophylle est à l'origine de l'oxygène, gaz vital de la nature.

Sur le plan psychique également, le vert exerce une action équilibrante. Dans les périodes d'humeur instable, marquées par la nervosité, l'impatience et l'insatisfaction, il instaure un équilibre interne et renforce le sentiment de sa propre valeur.

D'éminents experts en couleurs sont d'accord pour affirmer l'action bienfaisante, harmonisante du vert. Goethe, le fondateur d'une doctrine globale des couleurs, le classe comme tranquillisant (*), Lüscher comme expression de l'affirmation de soi-même, de l'endurance, de l'assurance et de l'estime de soi (**).

Le vert symbolise l'espoir, la satisfaction et la guérison. Dans les vieilles chansons populaires, les mythes et les contes, déjà, le vert est associé à la renaissance, au nouveau départ, à l'indestructibilité de la vie et à sa protection.

Dans presque toutes les cultures, le vert appartient à l'expé-

(*) Johann Wolfgang von Goethe, *Farbenlehre* (1810). Stuttgart 1988.

(**) Max Lüscher, *Der 4-Farben-Mensch oder der Weg zum inneren Gleichgewicht.* Munich 1977.

rience originelle selon laquelle la vie « se poursuit toujours d'une manière ou d'une autre ». Chaque verdure printanière signifiait pour nos ancêtres qu'ils avaient défié le mortel hiver, avec son cortège de gels et de famines, et que la nature se renouvelait. Dans les couches profondes du subconscient s'est consolidée l'association entre le vert et la croissance, le développement, la fécondité, la protection et la vie. Le mythe de la végétation est l'expression d'une croyance en la mort et en la résurrection : selon les anciens mythes, les divinités vertes de la végétation meurent pour l'hiver et se retirent dans les enfers, dont elles ressuscitent au printemps.

Le vert est aussi la couleur d'une autorité autre que l'autorité humaine : celui qui lui rend hommage, qui prend des engagements envers elle, s'abandonne aux forces de la nature, dont il reconnaît les lois comme les seules obligatoires – comme Robin des Bois, qui avait fait du vert sa couleur, sûrement pas uniquement pour des raisons pratiques de camouflage, mais aussi pour signaler que les lois arbitraires d'une autorité tyrannique n'avaient pour lui aucune valeur.

La destruction rampante de la nature, qui est devenue le thème dominant de notre époque, a conduit à une revalorisation de la couleur verte, devenue la couleur des gens écologiquement responsables. Du fait de la peur croissante d'une destruction définitive de la nature et de l'anéantissement de l'humanité qui en résulterait, le rattachement du vert à la vie est devenu un lieu commun dans la conscience d'aujourd'hui.

Le vert, dans un mandala, peut exprimer diverses choses : d'une part, il peut être l'indication d'une forte tendance à accorder protection et sollicitude ; de l'autre, il peut aussi renvoyer à un fort attachement à la nature – ou à la nostalgie de celle-ci – et révéler des forces curatives et créatives au fond de soi. Le vert du mandala exprime nettement que le centre de gravité se situe dans l'affectivité, que l'on désire admettre et vivre plus fortement ses sentiments.

Les nuances de vert sont diversement valorisées : un vert moyen caractérise des aspects positifs, harmonieux de l'épanouissement personnel. Le vert sapin, une nuance un peu plus foncée, peut exprimer un sentiment stable de sa propre valeur, mais peut aussi, en devenant plus foncé encore, prendre une signification menaçante et avertir d'un danger (mort et décomposition). Le vert jaunâtre a une signification plutôt négative, rappelant le poison, le pus et, au sens figuré, la passion effrénée et la concupiscence.

Le jaune du soleil

C'est la couleur la plus proche de la lumière... Dans sa plus grande pureté, elle porte toujours en elle la clarté et possède une propriété de gaieté, d'entrain et de douce excitation.
J.W. von Goethe.

Le jaune est une couleur gaie, claire, dilatante, qui partout dans le monde est assimilée au soleil et à sa force dispensatrice de vie.

C'est pourquoi le jaune a été affecté au dieu égyptien Rê et aux dieux inca et aztèque de la Lumière. L'omniprésence divine, l'intelligence divine pour le monde et pour toutes choses ont toujours trouvé leur expression dans la représentation d'une source lumineuse jaune et rayonnante. Pour Goethe également, le jaune est la couleur où triomphe la lumière (*).

Pour Lüscher, le jaune correspond au besoin fondamental d'épanouissement personnel, à la nostalgie des lointains et de l'espace, de la libération et de la liberté.

Le jaune est aussi mis en relation avec la force de la pensée, la mobilité intellectuelle et l'intuition, et même avec l'illumination.

Ce n'est pas seulement sur le plan symbolique que le jaune est le signe du soleil : dans le domaine physique, il renforce aussi la vitalité, stimule les esprits indifférents et résignés.

Un environnement teinté de jaune, les rayons lumineux du

(*) ibid., p. 277.

soleil exercent une action positive sur la soif d'apprendre et la joie au travail, stimulent l'intérêt pour l'environnement.

La couleur du soleil, de l'été et de la lumière est cependant ambivalente et a aussi des significations négatives. On lui attribue par exemple l'envie et la jalousie et, dans une nuance particulièrement criarde, le harcèlement, la violence, la fausseté et la vanité. Dans la nature, des sécrétions comme le pus, la bile et l'urine sont jaunes avec une tendance au verdâtre. Le jaune, dans ses tons froids et criards, s'exprime dans des maladies comme la jaunisse et les intoxications. Le jaune est parfois mis en relation avec des maladies comme la folie, la schizophrénie et l'épilepsie. Un exemple célèbre en est Vincent Van Gogh, qui privilégiait le jaune dans sa peinture et en variait les nuances à l'infini. Dans la force rayonnante du jaune, Van Gogh voyait la combustion et la mort.

Dans la culture occidentale, on stigmatisait d'une couleur jaune pâle les proscrits et les bannis : juifs, femmes de bourreaux et prostituées au Moyen Age. La coutume était aussi de badigeonner de jaune la porte des traîtres.

Cependant, la connotation active, positive prédomine. En général, on attribue au jaune une plénitude resplendissante, le dynamisme et l'activité. Un jaune très clair est fréquemment l'expression d'une vive intelligence. En psychologie, il indique une bonne relation au père. En revanche, le jaune foncé représente ici une relation perturbée avec le père ou bien, plus généralement, une relation problématique avec l'autorité.

Outre la lumière et l'illumination, le jaune solaire symbolise la croissance et la fécondité. Les premières fleurs jaunes du printemps annoncent une vie nouvelle qui s'éveille et, en même temps, éclairent l'âme. En effet, toute une série de fleurs jaunes ont traditionnellement un effet curatif, en particulier dans l'hypocondrie et la neurasthénie, comme par exemple les bulbes jaune d'or du lis martagon.

En Asie, le jaune, en tant que couleur de la lumière, est sacré. Il est mis en relation aussi bien avec le pouvoir qu'avec la spiritualité. En Chine, la couleur jaune est l'expression de l' « harmonie du milieu » (chung-ho) et de la félicité. Jusqu'au début de ce siècle, il était la couleur de l'empereur et des moines.

Dans la symbolique chrétienne, le jaune (ou l'or) est la couleur de la révélation, de l'éternité et de l'immortalité. Le Christ est considéré comme dispensateur de lumière ; l'auréole dorée est signe de sainteté.

Au plan archétypal, le jaune est la couleur des origines, de la création de la lumière par sa séparation d'avec les ténèbres.

L'utilisation du jaune dans les mandalas autorise des interprétations variées. Elle peut être considérée comme le symbole de l'intuition, du jaillissement de l'esprit, de la compréhension et du pressentiment dans une grande obscurité ambiante.

Souvent, le jaune du mandala informe que la personne est sur le point de réorganiser sa vie et de la reprendre en main avec une plus grande détermination. Il exprime une réorientation, la recherche de quelque chose d'autre, le besoin de poursuivre son développement.

Il est frappant de constater que l'usage du jaune, dans le mandala, revient sans cesse dans les périodes de résolution des conflits, en particulier lorsqu'on se détache de l'instance paternelle intériorisée. Cette phase peut s'accompagner, surtout chez les femmes, de fortes fluctuations de l'humeur, allant de l'euphorie à l'abattement. Sous une forme particulièrement marquée, le jaune peut même indiquer le combat entre le conscient et l'inconscient, en particulier quand prédominent les contrastes clair-foncé.

Interprété positivement, le jaune du mandala est le signe d'une personnalité équilibrée, possédant une saine conscience de sa propre valeur ; il est le signe d'une ouverture à ce qui est nouveau, de l'élargissement et du développement résolus de la personnalité.

La puissance de l'orange

En tant que mélange de rouge et de jaune, l'orange réunit les éléments de ces deux couleurs. C'est une teinte extrêmement stimulante, qui, en dépit de son rayonnement gai, chaud, ouvert, expansif, se heurte assez souvent à un rejet. L'effet de bien-être et d'excitation physique du rouge se combine dans l'orange avec la force intellectuelle et affective du jaune.

L'orange agit contre la dépression et la mélancolie, soutient la joie de vivre, favorise la solution des problèmes et stimule.

Du fait de son affinité avec le soleil, l'orange est mis en relation avec le feu – l'aspect de force et de danger volcaniques côtoyant celui de feu contrôlé, réchauffant et protégeant contre le froid.

L'évaluation symbolique de cette couleur fluctue aussi entre deux pôles : d'une part, l'orange témoigne d'énergie vitale, de gaieté, de chaleur ; de l'autre, il ne cesse d'accompagner les gens dans la retraite intérieure hors du monde, par exemple dans le vêtement religieux de nombreux ascètes indiens. A l'occasion, on le met aussi en relation avec le pouvoir.

Conformément à cette ambivalence, l'orange, dans un mandala, peut exprimer aussi bien la conscience de soi que les doutes nourris envers soi-même. Il peut indiquer une tendance à la distraction ou bien l'opiniâtreté énergique et l'ambition.

Bleu comme les profondeurs du ciel et de la mer

Tout comme nous aimons suivre un objet qui fuit devant nous, nous regardons volontiers le bleu, non pas parce qu'il nous provoque, mais parce qu'il nous tire après lui.
J.W. von Goethe.

Le bleu, comme couleur complémentaire de l'orange, est une couleur froide et profonde. Il représente l'introversion et la sublimation, le subconscient et la profondeur d'âme. Dans la nature, nous le rencontrons sous la forme du bleu clair et transparent du ciel et sous la forme du bleu foncé, profond et presque opaque, de la mer. Il dirige ainsi notre regard sur l'infinie vastitude du monde, située au-delà de la réalité terrestre et de l'entendement humain. Symboliquement, le bleu devient ainsi une couleur qui établit la relation entre la sphère céleste et la sphère terrestre, entre Dieu et l'homme. Ce rapport explique pourquoi le bleu est également considéré comme l'expression de la transcendance métaphysique. Comme couleur du fond des océans, il reflète les profondeurs du subconscient humain.

La sagesse populaire dit que le bleu est la couleur de la fidélité. Il est aussi considéré comme la couleur du développement spirituel et de la nostalgie d'un monde immatériel.

Tandis que le bleu, dans les mandalas tibétains, est la couleur de la pure conscience et de la spiritualité, l'archétype de la maternité protectrice, patiente et aimante s'est constitué dans la culture chrétienne sur la base des représentations de la Vierge en vêtements bleus.

Un symbole célèbre de la couleur bleue est celui de la « fleur bleue » du romantisme. Elle apparaît dans le roman de Novalis *Henri d'Ofterdingen*, où elle est l'image de la tendresse, de l'attachement chimérique à l'être aimé, dans l'éveil simultané des sens.

Le bleu est la couleur de la nostalgie et du rêve, du merveilleux et de l'irréel. Pour Kandinsky, c'est la couleur de l'approfondissement qui, dans le mouvement de l'homme vers son propre centre, conduit dans l'infini et éveille la nostalgie du pur et de l'éthéré. Pour Lüscher et pour d'autres, le bleu est la couleur de la détente et de la sensibilité, de la tranquillité et de la paix. Cette impression concorde d'ailleurs avec l'effet physiquement prouvé des vibrations de cette couleur : elles ont en général un effet calmant et, en thérapie des couleurs, on les utilise contre la nervosité et pour calmer la douleur, et également pour induire la détumescence et l'astringence dans les phénomènes inflammatoires.

Dans les mandalas, le bleu renvoie au thème maternel, les nuances claires reflétant une image positive marquée par l'amour et la sollicitude, alors que les tons foncés indiquent plutôt une figure maternelle dominante. Selon Kellogg, le bleu foncé représente « l'aspect angoissant du "maternel", la monstruosité de la nature : le fait que tout soit dévoré, meure et soit détruit » (*). Les personnes qui utilisent beaucoup d'indigo dans leurs mandalas souffrent souvent d'angoisses profondes et de conflits relatifs à leur relation négative à la mère. Toujours selon Kellogg, les nuances foncées de bleu, en particulier l'indigo, peuvent être des métaphores de l'obscurité intérieure, de l'inconscient, du sommeil et de la mort.

Pour cette couleur également, il nous faut prendre en compte des interprétations différentes, souvent opposées : en utilisant le bleu dans votre mandala, vous exprimez peut-être le côté sombre de votre âme : perte, tristesse, chaos. Mais derrière cela se cache peut-être aussi un processus de maturation dans lequel, une fois surmontés les tourments de l'âme, une nouvelle étape sera franchie sur la voie de la sagesse et du développement de votre moi.

(*) Cité par Fincher, ibid., p. 79.

Le violet, couleur intermédiaire

Le violet est la combinaison de deux couleurs opposées, le rouge et le bleu ; il joue ainsi un rôle d'intermédiaire entre des pôles tels que le chaud et le froid, le masculin et le féminin, le jour et la nuit, la passion et l'intelligence, l'amour et la sagesse. Il compense les dysharmonies et harmonise aussi les deux hémisphères cérébraux. Il peut ainsi être évalué comme l'expression d'une réorientation dans le couple, dans laquelle les rôles figés de chacun des deux sexes sont remis en cause et redéfinis.

Le violet est la couleur de l'art, du mysticisme, de la magie et de l'alchimie. Il indique une tendance aux expériences occultes, à l'intuition profonde et à l'inspiration.

Le violet est une couleur fortement purifiante, tant sur le plan physique que sur le plan moral. En chromatothérapie, le violet a été utilisé avec succès, par exemple, dans le traitement de l'acné. Il est également recommandé quand on éprouve le besoin de se purifier d'influences nocives ou importunes, en méditant par exemple sur cette couleur (*).

Mais le violet est aussi mis en relation avec la souffrance, la douleur et la mort. Sur les images, le Christ souffrant porte souvent un manteau violet.

Le violet, dans un mandala, peut témoigner d'une forte émotivité, de créativité intellectuelle et d'une imagination productive. Une trop forte prédominance de cette couleur évoque la tension intérieure, conditionnée en particulier par le rôle sexuel, mais aussi par la position dans d'autres contextes sociaux. On ne se sent pas bien dans son rôle, on se comporte de façon inadaptée et on est à la recherche de plus d'authenticité.

(*) Voir Ingrid Kraaz von Rohr, *Farbtherapie kurz und praktisch*. Fribourg, 1995.

Le rose de la rose

Le rose naît du mélange du rouge et du blanc et contient les propriétés atténuées de la couleur rouge. C'est nettement la couleur du corps, à laquelle manque toutefois la marque de la passion et de la pure sexualité. Le rose inhibe fortement les pulsions agressives ; il est mis en relation avec la tendresse, l'enfance et l'innocence. C'est pourquoi il est considéré comme la couleur réservée des jeunes filles (au sens du partage traditionnel des rôles des deux sexes).

Le rose, dans les mandalas, est le signe d'une forte sensibilité et d'un besoin marqué de protection. De fortes poussées d'angoisse résultent peut-être des attaques d'un environnement éprouvé comme potentiellement hostile. Fincher indique que le rose peut renvoyer à une maladie cachée ou à des symptômes nerveux conditionnés par le stress. Dans ce cas, il conviendrait de veiller davantage à sa propre santé.

Le turquoise qui guérit

Le turquoise est une couleur rafraîchissante. Il exprime la créativité et la souplesse intellectuelles ainsi qu'une aptitude à la communication sincère et efficace.

Il modère les exigences sexuelles exacerbées et a une action désintoxiquante, en particulier contre les nuisances de l'environnement et des radiations.

On observe constamment que le turquoise est utilisé par des personnes traversant une crise profonde, comme moyen de résoudre des problèmes graves. Cette couleur facilite l'autoguérison dans les processus difficiles où l'intéressé craint de trop prendre conscience de ses souffrances.

Le blanc de l'innocence

Le blanc est la couleur de la pureté, de l'innocence, de la virginité et de la perfection. Etant donné que le blanc est proche de la lumière et qu'il contient toutes les couleurs, il symbolise la perfection. Il évoque le sacré et, dans diverses cultures, il est la couleur de la spiritualité et de l'au-delà, par exemple chez les Indiens d'Amérique du Nord. Dans l'hindouisme, le blanc est considéré comme la couleur de l'illumination et de la pure conscience ; c'est aussi la couleur de l'aptitude humaine à la connaissance. Chez les Indiens, enfin, le blanc renvoie à tout ce qui est sacré.

Dans notre culture, le blanc est considéré comme la couleur de l'acquiescement, de la lumière et de la liberté. Nous y relions le soleil, la neige et le sable et, symboliquement, la licorne, qui représente le Christ comme victime sacrificielle. Tandis que le blanc -- dans la tradition asiatique et, partiellement, dans la tradition africaine – est couleur de deuil, il est chez nous au contraire la couleur de l'initiation, manifestée dans le vêtement blanc du baptême, de la communion et du mariage.

D'une part, le blanc est la couleur de la plénitude, de la perfection (divine) et de la potentialité ; d'autre part, il est marqué par l'aspect opposé de l'absence de couleur, de la solitude sans joie et du vide.

Cette ambivalence est le plus souvent aussi à la base des mandalas où prédomine le blanc. Il témoigne d'un fort enrichissement spirituel mais aussi, en revanche, d'une forte pression psychique. D'une part, le blanc peut exprimer que l'on a atteint un certain degré de clarté intérieure, de spiritualité, de sensibilité ; d'autre part, il peut renvoyer à des sentiments et passions profondément cachés, dont la répression violente consomme d'énormes quantités d'énergie.

A la place du blanc, on utilise aussi dans le mandala, à l'occasion, l'argent, qui traduit l'union du blanc à la lune, et donc à la féminité.

Le lait noir de la nuit

Toute vie commence et finit dans l'obscurité.
Susanne F. Fincher.

En tant que négation du blanc, couleur de la lumière, le noir symbolise la nuit, les ténèbres, les abîmes, le deuil et la mort.

Dans leurs poèmes, Paul Celan et Nelly Sachs ont évoqué l'aspect mortuaire du noir de façon saisissante. Dans notre culture, il se retrouve comme signe de deuil et de mort dans le vêtement. Au Moyen Age, la Mort était symbolisée par un « homme noir ».

Le noir représente aussi l'agressivité et le pessimisme ; c'est la couleur vestimentaire préférée de groupes tels que les nihilistes ou les punks. En tant que couleur de la violence et du sadisme, le noir apparaît dans le vêtement de la dominatrice et dans l'uniforme des systèmes totalitaires.

Sur le plan psychologique, Lüscher interprète le noir comme symptôme du rejet et de la répression des influences extérieures. Tandis que la clarté blanche représente la conscience, le noir représente fréquemment les puissances obscures de l'inconscient, qui peuvent engloutir l'homme et mettre en danger la conscience qu'il a de lui-même.

L'ambivalence de cette couleur devient sensible dans l'affectation du noir à la fécondité et au sein maternel. Il existe toute une série de divinités maternelles dans les traditions indienne, grecque, romaine et même chrétienne, où la Vierge noire est particulièrement révérée.

Dans un mandala, le noir peut évoquer des démêlés avec la mort, la perte et le deuil. Il peut annoncer une dépression ou une forte implication avec l'inconscient, par exemple lors de l'intégration d'aspects négatifs de la personnalité dans l'image de soi. L'emploi du noir est également possible pour accentuer les autres couleurs, celles-ci se trouvant à la fois renforcées et relativisées.

Le brun de la terre

Le brun est la couleur de la terre en friche et de l'automne. Comme il est un pur mélange, il contient une riche palette de teintes, qui vont des chaudes nuances dorées aux nuances froides rappelant les excréments. Ses significations ont la même ambivalence.

Les tons chauds du brun éveillent des associations positives. Celles-ci sont surtout mises en relation avec la terre mère, avec ses tâches nourricières et protectrices. Le besoin de brun peut être identifié chez les gens qui viennent de traverser une période de dureté et de froid.

C'est ainsi que le brun, après la Seconde Guerre mondiale, fut la couleur préférée des Allemands, qui l'utilisaient dans leurs vêtements et dans l'aménagement de leurs logements. Les petits enfants aiment les coins douillets à dominante brune où ils peuvent se retirer après des jeux bruyants.

Les connotations négatives du brun sont celles des excréments et de la pauvreté. Au Moyen Age, c'était la couleur des ordres mendiants et des pénitents vivant dans la parcimonie.

Un mandala ou le brun apparaît laisse présumer d'un sentiment de dévalorisation personnelle ou d'un besoin de protection et de sécurité.

Positivement, le brun peut signifier l'attachement à la terre, les sentiments maternels et la fécondité, ou bien annoncer la fin d'une période de vie difficile.

Le gris de la souris et de la pierre

Le gris résulte d'un mélange de noir et de blanc. Il harmonise ainsi les contraires. Mais il implique aussi le risque d'une neutralité vague, d'une absence d'expression. Le gris est souvent considéré comme la couleur de la dépression et de la neurasthénie, de l'indifférence et de l'absence d'émotions.

Cette couleur soutient la pensée analytique. Dans un mandala, elle peut indiquer un processus de clarification concentré ou bien le besoin de faire la lumière dans une situation délicate ou éprouvée comme sans issue.

Mais le gris peut aussi exprimer le contraire, à savoir le désir de se cacher, de devenir invisible à soi-même et aux autres, de ne pas attirer l'attention. Dans ce cas, il conviendrait de s'interroger sur ses angoisses et sur son comportement avec les autres, et de prendre conscience de ses propres forces.

Les pierres aussi sont grises. On les rapporte à l'éternité, à la survie, mais aussi à la tranquillité et à la sagesse. Dans quelques cultures anciennes, par exemple chez les Celtes, les pierres étaient considérées comme sacrées et utilisées dans des cercles magiques et des délimitations rituelles, ce qui leur confère une affinité particulière avec le mandala. Sous ce rapport, le gris rappelle un espace intérieur qui devrait être consacré à ce que nous avons de plus intime.

Les significations des différentes couleurs rassemblées ici sont à comprendre comme une vue d'ensemble. Sans aucun doute, elles peuvent vous fournir des indications dans l'interprétation de vos mandalas et être d'une grande aide dans leur déchiffrement. Naturellement, les différences individuelles ne sont pas appréhendées. Mais, quand vous vous serez occupé un certain temps de la symbolique des formes et des couleurs, vous n'aurez plus aucun mal à les élaborer vous-même. Laissez-vous toujours guider par votre sensibilité et votre intuition. Ce faisant, ayez toujours à l'esprit que, dans un mandala, plusieurs couleurs interagissent généralement et que cette interaction produit ses propres significations. A côté d'une couleur complémentaire chaude, le bleu froid se valorise bien différemment que s'il est placé à côté du turquoise, également froid. De cette façon, les radiations colorées peuvent être intensifiées ou atténuées. Dans un environnement changeant, une couleur déterminée peut avoir un effet harmonisant ou dissonant.

Glossaire de la symbolique des formes et des nombres

Dans ce qui suit, j'ai rassemblé les principaux symboles de formes et de nombres. Ajoutés aux couleurs, ils vous renseigneront sur l'état de votre âme et de votre psychisme lors de la libre élaboration d'un mandala. Ce faisant, je me suis limité à une énumération des concepts qui peuvent être à la base des symboles. Comme pour la symbolique des couleurs, une interprétation univoque n'est pas possible ; elle ne serait d'ailleurs pas légitime. Les variations culturelles, dans l'interprétation des symboles, conduisent même parfois à des significations opposées d'un même objet.

La fréquence avec laquelle certaines formes apparaissent dans un mandala joue un rôle aussi grand, dans l'interprétation des arrière-plans psychiques, que par exemple le nombre des pétales d'une fleur, celui des branches d'une étoile ou celui de cercles concentriques grandissants.

Ne commencez l'analyse qu'après achèvement de votre mandala librement élaboré (et non pas sur la base des mandalas peints donnés ci-dessous à titre d'exemples) : considérez vote œuvre longuement et en toute tranquillité. Accordez-vous du temps afin qu'elle puisse agir sur vous et vous parler. C'est seulement ensuite que vous vous représenterez quelles formes et quelles couleurs vous avez choisies, avec quelle fréquence et pourquoi. Notez vos observations avant de consulter le glossaire afin de pouvoir suivre votre intuition à l'abri de toute influence.

La symbolique des formes

Animaux : aspects instinctuels, animaux, irrationnels, inconscients ; attitude envers son propre inconscient exprimée par des animaux menaçants ou secourables ; intégration de l'inconscient par identification avec l'animal (v. l'initiation des Indiens par l'évocation de l'animal utilisé) ; contenu symbolique divers selon l'espèce animale.

Arbre : vie qui se renouvelle d'elle-même ; lien entre divers plans de la réalité : subconscient, conscience éveillée et ciel ou sphère transpersonnelle ; lien entre ciel et terre ; archétype du soi (Jung) ; aspiration à croître ; vie, épanouissement, développement, croissance, aspect maternel (protection, ombre, nourriture, enracinement, également : impossibilité de partir) ; âge ; personnalité ; mort et renaissance.

Arc-en-ciel : annonce le retour du soleil ; lien entre les dieux et les hommes (v. nombre sept) ; ce qui est précieux ; fécondité ; lien sacré entre le principe masculin et le principe féminin, entre les parents archétypaux ; totalité, but de l'individuation ; renaissance de la personnalité ; guérison des blessures de l'enfant intérieur.

Carré : solidité, stabilité, équilibre (v. aussi le nombre quatre) ; équilibre entre divers éléments ; pensée rationnelle ; perfection humaine ; existence terrestre ; comportement ciblé ; performance ; transformation de l'esprit en matière.

Cercle : mouvement ; éternité ; symbole divin ; transcendance ; expérience du soi ; absence de limites, absolu.

Cœur : amour ; félicité ; illumination ; bravoure, chagrin, joie ; soleil ; siège des émotions, de la connaissance et de la volonté.

Croix : union des contraires : terre et ciel, sphère spirituelle et réalité terrestre, clarté et obscurité, conscient et inconscient, vie et mort ; équilibrage des contraires dans une relation globale ; difficultés de la vie ; reconnaissance d'un côté obscur, caché ; dépassement des instincts aveugles ; équilibrage des contradictions ; constitution d'un nouveau centre du moi (v. carré, le nombre quatre et – en incluant le point de vue personnel – également le nombre cinq).

Eclair : force dynamisante, spirituelle ; illumination, connaissance intuitive fulgurante ; ravissement ; acquisition de la sagesse ; nouvelle étape de croissance ; énergies psychiques ; activation des forces intérieures latentes ; guérison.

Etoile : faveur et guidage célestes ; étoile montante : indique ce qui est en train de naître ; étoile filante : ce qui est céleste, spirituel ; inspiration, créativité, enthousiasme ; étoile à cinq branches : personne solidement campée sur ses deux jambes, sentiment bien marqué de son identité, aptitude à mettre en œuvre ses inspirations ; image de soi positive, conscience de sa mission, effort de réalisation ; nombreuses étoiles : potentialité, créativité, objectifs concourants ; une étoile : singularité individuelle.

Fleurs : printemps, caractère éphémère, beauté, éternel renouvellement de la vie ; amour ; cadeau d'adieu aux morts ; image archétypale de l'âme ; matrice ; accélération du développement personnel.

Gouttes : fécondité ; virilité ; pureté, épuration, nettoyage : évacuer chagrin et colère ; profondes émotions ; gouttes de sang : blessure ; « sur quoi dois-je pleurer ? ».

Hexagramme (deux triangles imbriqués l'un dans l'autre) : union de forces opposées ; équilibre, des travaux importants sont terminés ; être rempli d'harmonie et de satisfaction.

Infini (lemniscate) : temps et espace sans limites ; passage du rationnel au transcendant ; unité harmonieuse de deux principes opposés ; action favorisant la détente, le recentrage et la concentration.

Labyrinthe : initiation ; au Moyen Age, substitut du pèlerinage ; itinéraire difficile vers un but ; recherche de son propre centre ; le labyrinthe peut être comparé à une forme de mandala inachevée.

Mains : action, savoir-faire de la civilisation ; force de procréation ; fraternité, solidarité ; disposition à faire confiance à la vie, à agir ; besoin d'activité, forte confiance en ses propres capacités (v. aussi les nombres cinq et dix).

Mandorle : état de grâce ; enfermement d'un contenu précieux dans une coquille dure, presque impénétrable ; état d'éveil ; concentration sur l'essentiel ; semence humaine dans utérus ; forme de vulve ; mandorle dont l'intérieur est vide : ouverture aux changements.

Nœud : détachement et attachement ; réunion, maintien et renvoi ; dissolution, libération de forces.

Œil : toute-puissance de Dieu, qui voit tout ; clairvoyance ; beaucoup d'yeux : exhortation de l'inconscient à « voir » ; œil unique : symbole du moi.

Oiseaux : âme humaine, transformation, spiritualité, imagination, intuition ; aigle : porteur de la foudre, de la guerre et de la mort ; chouette : obscurité, mort et savoir ; colombe : Saint-Esprit, pureté et paix.

Papillon : métamorphose, mort et résurrection ; la psyché (en grec) = l'âme et le papillon ; faculté de l'âme de se recréer constamment ; autorenouvellement.

Quadrature du cercle : symbole alchimique de l'union du ciel (cercle) et de la terre (carré) ; équilibrer les contraires par synthèse ; consolidation de l'énergie pour renforcer le moi ; purification pour se rapprocher du divin.

Roue : dynamisme.

Spirale : mouvement circulaire vers l'intérieur ou vers l'extérieur ; structure et reflète notre conscience ; processus d'individuation ; transformation liée à une réorientation ; symbole tantrique de la force vitale ; énergies divines, créatives, curatives des couches psychiques les plus profondes ; vision de la totalité, efforts vers la totalité ; croissance de l'énergie.

Svastika (croix gammée) : symbole de totalité ; perfection ; chinois : rotation à droite : malheur ; rotation à gauche : bonheur.

Symbole yin-yang : dualité contenue dans le cercle (le « un » primordial).

Toile d'araignée : tissages qui donnent forme à l'être ; féminité ; souvenir de la vie fœtale et des expériences infantiles ; recommencement ; transformation infinie du moi.

Triangle : dynamisme (v. aussi nombre trois) ; orienté vers le bas : féminité, eau, inconscient, potentiel, yin ; orienté vers le haut : virilité, feu, force vitale, libido, yang ; modification après achèvement ; attrait des thèmes tels que vie, mort et renaissance à la suite de pertes ; nouveautés, explosion de créativité, conscience de soi ; contenus de l'inconscient qui exercent une pression vers le haut ; orienté vers le centre : agressivité dirigée vers l'intérieur, vers soi-même.

Volée d'oiseaux : négativité, mauvaises convoitises, danger ; forces dynamisantes ; acquisition de la conscience de soi à un niveau plus élevé.

La symbolique des nombres

Un : individu, unité, commencement ; développement de la psyché ; attribut divin ; début d'un processus ; sensation d'unité ; expérience d'un petit enfant : passif, heureux et aimable, également transpersonnel ; individualité ; égocentrisme ; singularité ; totalité ; intégrité.

Deux : matière, abolition de l'unité primordiale : différenciation, opposition, scission, dissension, dualisme ; image reflétée, double de l'individu (jumeau) ; formation du couple et intimité ; doute ; conflit.

Trois : vitalité, énergie, mouvement ; déroulement, processus dynamiques ; dissolution des tensions opposées par création de quelque chose de nouveau ; achèvement ; exigence d'indépendance ; symbole de la divinité ; rencontre régénérante avec l'inconscient ; connaissance de soi qui provoque la surprise.

Quatre : équilibre, totalité, achèvement ; tracé des limites et structuration, rationalité ; approfondissement de la connaissance, progrès de la conscience ; lien étroit entre l'identité et le moi ; énergie ; efforts psychiques vers l'équilibre et la structuration, l'harmonie et l'ordre ; recherche de la connaissance de soi et d'un lieu de vie personnalisé (v. croix, carré).

Cinq : pentagramme ; amour, santé, humanité ; totalité naturelle ; la personne reliée à la réalité ; vie germinative, sexualité, sensualité ; engagement actif dans la réalité ; engagement énergique pour la réalisation des objectifs et rêves personnels.

Six : créativité, perfection, équilibre ; union des contraires sexuels ; totalité ; féminité ; fin d'une période de création ; paix, satisfaction, plénitude, fierté.

Sept : fin d'une époque ; transformation ; travail intérieur ; harmonie avec les anciennes traditions sacrées ; secret ; découverte de soi.

Huit : stabilité, harmonie, renaissance ; éternel changement ; moi ; totalité.

Neuf : synthèse, énigme de l'existence humaine ; vérité ; possibilité d'atteindre à la totalité ; présence d'énergies spirituelles positives.

Dix : unité ; perfection ; pratique des vertus ; sens de la réalité ; rétablissement de l'unité ; moralité (révolte contre le code moral) ; mathématiques ; mariage ; attitude de vie réaliste.

Onze : transition, conflit ; difficultés dans la réalisation de l'équilibre ; effondrement de la perfection statique ; mort et renaissance ; dysharmonie ; conflit au cours d'un processus de connaissance globale de soi.

Douze : ordre cosmique, rédemption ; individuation ; objectif de totalité ; phénomène cyclique naturel ; achèvement ; spirale de développement sans fin.

Treize : infidélité, tromperie, fin malheureuse ; recommencement ; ambivalence ; processus intérieur qui doit être conduit à son terme.

Symbole	Archétype	Humeur	Effet curatif
Passion	Sang	Haine, rage, chaleur	Dynamisation
Illumination intuition	Origine	Gaieté	Retour de la gaieté
Energie vitale	Feu, soleil	Conscience de soi	Joie de vivre
Vie	Nature	Espoir	Force curative
Créativité	Communication	Effet calmant	Détoxication
Subconscient	Ciel-mer	Nostalgie, amour	Tranquillisant
Equilibre	Dépassement de la dualité homme-femme	Souffrance intuition	Purification
Innocence	Enfance	Besoin de protection	Inhibition de l'agressivité
Mort	Nuit	Tristesse	
Pureté	Vide	Acceptation	

Exemples de mandalas colorés

« Unir les contraires. »
Dissolution des tensions dans l'harmonie. Ce qui est carré devient rond.

« Vaincre ses peurs. »
La couleur structure le désordre intérieur.

« Mettre de l'ordre dans le chaos. »
Découvrir l'ordre et la stabilité derrière le chaos.

« Obtenir des satisfactions. »
Ce mandala rayonne d'équilibre, d'harmonie et de beauté.

Mandala Kalachakra du cours de maîtrise du Dalaï-Lama à Dharamsala
(Inde, gouache sur toile, vers 1990).

Imprimé en Grèce par
4AB-N ATHANASSOPOULOS
25, rue Fidiou - Athènes